KB200518

여보, 나도 흠모해!

전경숙 사모의 사랑 이야기

여보,
나도 흠모해!

전경숙 사모의 사랑 이야기

전경숙 지음

교회성장연구소

추천사 1

그의 자식들은 일어나 감사하며 그의 남편은 칭찬하기를 덕행 있는 여자가
많으나 그대는 모든 여자보다 뛰어나다 하느니라 고운 것도 거짓되고 아름
다운 것도 헛되나 오직 여호와를 경외하는 여자는 칭찬을 받을 것이라
(잠언 31:28-30)

잠언의 말씀은 행복한 가정의 모습을 한 폭의 그림처럼 우리에게 제시
하는바, 저는 이 책을 읽으면서 잠언의 성경구절을 떠올리게 되었습니다.
『여보, 나도 흠모해!: 전경숙 사모의 사랑 이야기』는 여호와를 경외하
는 한 여인이 어떻게 행복하고 복된 가정을 일구어 왔으며, 더 나아가 하
나님의 가정을 어떻게 확장시켜 왔는가를 증언합니다.

저자는 자신의 상처와 허물을 숨기지 않습니다. 오히려 자신의 연약
함이 어떻게 하나님의 진정한 아름다움을 흡수하게 되는 계기가 되었는
가를 감격스럽게 증언합니다.

이 책은 단지 한 여인의 인생고백에 그치지 않습니다. 이 책의 가치
는 우리 삶에 찾아오는 변화의 원리를 구체적으로 보여 준다는 점에 있

습니다.

살아 계신 하나님의 말씀이 어떻게 한 사람의 태도와 습관을 바꿀 수 있으며, 그 한 사람을 통해서 어떻게 인간관계의 기적을 불러일으키는지를 웅변적으로 증언합니다.

하나님은 어떻게 사람을 아름답게 만드시며, 하나님은 어떻게 관계를 행복하게 만드시는가! 말씀에 순종할 때, 하나님은 남편으로부터 이 말을 듣게 하십니다.

"그대는 뛰어나다!" "여보, 나는 당신을 흠모해!"

하나님의 마음을 품을 때, 하나님은 자녀의 친구들로부터 이 고백을 듣게 하십니다.

"너희 엄마, 웃기더라." "그런데 참 부럽더라."

책에서 건넨 질문이 지금도 뇌리에 남아 있습니다. '만약 자녀들이 부모를 선택할 수 있었다면 당신은 선택되었을까요?'

저자의 사랑 이야기들이 유쾌하고 재미있기에, 그 신앙의 원리가 구체적이고 유익하기에, 그리고 성숙한 부모로서 보여 주는 모습이 자극과 도전이 되기에 저자의 책을 기쁨으로 추천합니다.

장경철 교수
서울여대 기독교학과

글에는 사람이 있습니다. 신기하게도 글을 읽으면 저자의 삶이 또 그의 진심이 보이기 때문입니다. 저자의 글을 읽으며 울기도 하고 웃기도 했습니다. 그리고 양지꽃이 생각이 났습니다. 삼천리 방방곡곡 양지바른 곳이라면 어김없이 만나게 되는 들꽃, 다섯 장의 노란 꽃잎으로 아름다움을 뽐내는가 하면 나물과 약초로 사용되기도 하는 우리나라 대표 들꽃 말입니다. 저자의 글에는 다섯 장의 노란 꽃잎처럼 진솔한 삶의 노래가 담겨 있습니다. 그래서 그 빛깔에 잠시라도 눈을 뗄 수 없게 합니다. 그렇게 글을 읽다 보면 몸에 좋은 차를 한 잔 마시거나 병든 우리 영혼을 살리는 귀한 영약(靈藥)을 섭취한 느낌을 갖게 됩니다. 콘크리트처럼 딱딱해진 우리 마음을 말랑말랑하게 만들어 낙지, 고동, 꼬막이 살 수 있도록, 누군가를 살릴 수 있도록 생명력을 회복시켜 주는 것 같습니다.

저자의 글은 맑은 거울과 같습니다. 순수한 저자의 뚝배기 같은 진솔한 삶과 신앙의 고백이 마치 거울이 되어, 읽는 이의 마음을 비추어 보게 합니다. 저자의 글을 읽으며 부끄러웠습니다. 거울을 들여다보며 깨끗하지 못한 부분을 닦아 내듯 마음을 고쳐먹게 되었습니다. 하나님과 천국에 대한 소망을 보다 가깝게 살지 못한 자신을 회개하였습니다. 또 저자의 글을 읽으며 작은 기쁨과 친해지기를 다짐했습니다. 소설가 무라카미 하루키의 소확행(小確幸), 즉 작지만 확실한 행복을 산다는 의미를 깨닫게 되었습니다. 카피라이터 정철은 몇 년을 살았는지 나이를 따지지 말고 몇 년이 남았는지 남겨진 햇수를 스스로에게 물어보라고 말합니다. 일견 무서운 생각이 들기도 하지만, 종말론적인 생각을 하게 되면 허투루 오늘을 살 수는 없습니다. 함부로 배우자와 아이들을 대하거나, 함부로 시간을 허비하는 일도 줄어들게 됩니다. 그만큼 하나님과 천국에 가까운 삶을 살 줄 알게 됩니다. 저자의 글은 이것을 깨닫게 합니다.

저자의 글에는 소망이 있습니다. 저자가 가진 소망이 여실히 느껴져 읽는 이로 하여금 절로 소망을 갖게 합니다. 그런데 저자가 말하는 소망은 막연한 낙관이 아닙니다. 낙관은 '이렇게 하면 어떻게 되겠지'라는 인간적 예측으로 갖게 되는 안도감입니다. 하지만 저자는 예상이 불가능한 상황에서 그럼에도 불구하고 하나님과 살아 내려는 믿음으로서 소망을 말합니다. 이는 신학자 위르겐 몰트만이 말한 "소망이라는 이름의 싹은 절망이라는 이름의 토양에서 움이 튼다."는 역설적인 믿음의 고백과 같습니다. 저자가 살아온 삶의 역경 속에서 그럼에도 불구하고 빛나는 소망이라는 믿음의 고백이 글 곳곳에 눈물 나게 담겨 있습니다. 그래서 삶의 무의미를 생각하는 사람들에게 거친 현재의 삶을 그럼에도 한 걸음 한 걸음 살아 내도록 이끄는 것 같습니다. 까짓 사는 게 대수냐고 생각하실 수도 있지만 그렇지 않습니다. 아프지 않을 때야 일상이 평범함이지만, 아플 때 일상을 유지하는 것은 비범(非凡)한 일이기 때문입니다. 일상을 유지하게 하는 힘, 그 믿음을 저자는 노래합니다.

저는 저자의 글이 좋습니다. 그것도 참 좋습니다. 이렇게 귀한 글을 써 주셔서 고맙습니다. 아마 글을 읽게 되면 왜 이런 감사가 가능한지 알게 되실 겁니다. 글을 통해 하나님의 나라 안에서 맑은 영혼으로 살아가는 경험을 해보시기 바랍니다.

이상억 교수
장신대 목회상담학과

 아내가 살아온 삶의 여정이 책으로 나오게 되어 너무 기쁩니다. 책에는 아내가 사모로서 저와 함께 살아온 내용들이 담겨 있습니다. 아내와 함께 가정을 이루며 목회하는 가운데서 경험했던 일들이 담담하게 기록된 책을 읽으니 지난 삶이 주마등처럼 스쳐 지나갑니다. 기쁘고 즐겁고, 때론 슬프고 힘든 일들로 엮어진 삶을 통해 베푸신 하나님의 은혜가 참으로 크심을 고백하게 됩니다.

 게리 토마스는 "결혼은 사랑을 배우는 인생학교다."라고 말했습니다. 저는 아내의 형부 소개로 만나 사랑했고 사랑했기에 결혼을 했습니다. 그렇게 사랑의 학교에 입문해서 사랑을 배웠던 그동안의 과정이 이 책에 기록되어 있습니다. 결혼 초기에는 사랑하지만 사랑을 몰랐던 부족한 남편 때문에 행복과 거리가 먼 생활을 하였습니다. 그러나 아내의 순수한 큰 사랑은 저의 마음에 감동과 깨달음을 주고 사랑을 서서히 배우며 행복이 무엇인지를 알아 가게 하였습니다. 그래서 결혼 전에는 흑백텔레비전 같은 제 인생이 결혼 후에는 컬러텔레비전 같은 인생으로 바뀌었다고 고백하곤 합니다. 기질적으로 내향적이며 어두웠던 저의 마음속에 서서히 사랑의 빛과 힘이 들어와 밝고 행복한 사람으로 변해 갔기 때문입니다. 아내의 사랑을 받고 사랑하는 과정을 통해 '시냇가에 심은 나무'처럼 시들지 않고 마르지 않는 목회자가 되었습니다. 아내와 함께함으로 저는 사랑을 배우고 진정한 신앙을 몸에 익힐 수 있었습니다.

책을 통해 확인할 수 있는 아내의 성품은 투명함과 순수함입니다. 아내는 사람들을 차별하지 않고 진실로 사랑하고 배려하려고 합니다. 또한 모든 사람에게 정직하고 솔직합니다. 자녀를 양육할 때도 세상적인 기준이나 틀이 아니라 하나님이 의도하시는 삶의 방식으로 가르쳤습니다. 우리 집 가훈이 "천국 가는 데 지장 없으면 무엇이든 하라."입니다. 이건 순전히 아내의 자녀 양육 철학입니다. 학업이나 성적보다 하나님 우선으로 행복한 자녀로 자라고 목회자로 헌신하게 된 것은 아내의 사랑과 참된 교육을 통해 이루어졌다고 믿습니다.

한편 책을 통해서 지금까지 걸어왔던 목회의 현장을 돌아보게 되었습니다. 아내는 외적인 성공이나 지위보다 본질에 충실하길 늘 강조했습니다. 어렵고 힘든 목회 현장 속에서도 묵묵히 인내하고 사랑으로 남편을 격려하며 돕는 역할을 해주었기에 오늘의 제가 있음을 다시 확인하게 됩니다. 아내의 지혜와 믿음과 헌신을 통해 목회자로 설 수 있었다고 고백합니다. 하나님께서 돕는 배필로 허락하신 아내가 아니라면 지금의 가정이나 목회도 제대로 할 수 없었으리라고 생각합니다. 하나님께서는 아내에게 믿음과 사랑으로 살아가는 삶을 젊은이들에게 강의할 수 있는 은사를 주셨습니다. 해외 유학생들을 대상으로 코스타 강의를 하면 많은 청년이 목사님 부부를 보면서 결혼하고 싶은 마음이 든다는 말을 하곤 했는데, 그때마다 참으로 큰 보람을 느낍니다. 또한 아내는 늘 즐겁고 사랑하며 사는 삶을 통해 가정에 활력을 불어넣었습니다. 앞으로의 삶도 아내와 함께 더 행복하고 풍성하리라는 믿음 때문에 꿈이 생깁니다.

책을 읽는 동안 제 가정이 걸어왔던 여정 속에 행복한 가정생활과 목회 생활의 원리가 스며들어 있었다는 생각을 하게 되었습니다. 책을 통해 늘 즐거운 가정생활을 누리고, 이것을 기초로 하여 행복한 교회를 세워 나가는 은혜를 함께 나눌 수 있으리라고 기대해 봅니다.

김창근 목사
무학교회 담임목사

Contents

우리의 모든 환난 중에서
우리를 위로하사 우리로 하여금 하나님께 받는 위로로써
모든 환난 중에 있는 자들을
능히 위로하게 하시는 이시로다

(고후 1:4)

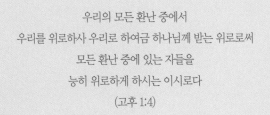

PART 1

하나님 안의 나,
내 안의 하나님

비록 우리가 잘못된 선택을 한다 할지라도 하나님은 그 선택에 함께해 주신다

하나님께서 자갈밭 길을 주실 때는 그에 맞는 든든한 구두도 주신다

하나님은 내가 있어야 할 바로 그 자리에 나를 세우신다

하나님이 가라고 하신 곳은 어디든…… (단, 수세식 변소만 있다면)

너 아직도 내가 좋으냐? 내 옆에 오고 싶으냐?

BC와 AD는 하늘과 땅 차이다

하나님의 말씀이 해법이고 모범답안이다

30배, 60배, 100배는 과장이 아니다

너 거기 있다가 우상이 될까 봐 내가 옮긴다

어찌 내가 처녀에게 주목하랴

하나님과 나와의 관계는 한마디로 불가분의 관계다.
하나님이 내 안에 계시고 내가 하나님 안에 거하는 것,
이것이 하나님의 자녀가 누릴 수 있는 최고의 특권이자 축복이다.
지금도 하나님은 우리를 바라보시고 이끄시고 지키신다.
그리고 가장 크고 위대한 사랑으로 우리를 감싸 주신다.
Part 1에서는 사랑 그 자체이신 하나님과의 관계에 대해 조명한다.

비록 우리가 잘못된 선택을 한다 할지라도 하나님은 그 선택에 함께해 주신다

내가 처음 남편을 보게 된 것은 사진을 통해서였다. 당시 큰 형부가 장신대 신대원에 늦깎이로 들어가 공부 중이셨는데, 어느 날 큰언니가 신대원 수첩을 보여 주며 두 사람 중에 한 사람을 고르라고 했다. 그런데 웬일인지 내 눈에는 지금의 남편 얼굴만 보였다. 순간, 나는 그냥 단정해 버렸다.

"난 이 사람."

이유는 없다. 그냥 이 사람이라고 생각했다. 참고로 언니가 처음 권해 준 사람이나 남편도 다 같은 기도모임 동지로서 신대원에서 사역자의 길을 성실하게 준비하고 있었다. 즉, 두 사람 모두 훌륭하고 신실한 사람이

라는 소리다. 특히나 언니가 애지중지하는 막냇동생의 남편감으로 골라
줄 정도면 그 사람도 얼마나 좋은 사람이겠는가? 그러니 누굴 선택하든
좋은 선택이었을 수도 있다. 그럼에도 나는 그냥 '김창근'이라는 이름 위
에 있는 사진에만 꽂혔다.

언니는 예기치 못한 내 반응에 따라 계획을 바꾸었고 그때부터 본격
적으로 둘을 이어 주기 위해 노력했다. 그 프로젝트의 첫 시작으로 언니
와 형부는 점심에 각자 두 사람을 초대했다. 물론 우리 두 사람은 우리가
그날 처음으로 만나게 될 것이라고는 생각하지 못했다. 나는 그냥 언니
의 초대로 점심을 먹으로 간 것이었고, 당시 개척교회 전도사였던 남편
은 '칠판 좋은 거 남는 게 있으니 가져가라'는 말만 듣고 간 것이었다. 나
는 그런 언니와 형부의 깜찍한 공작도 모른 채, 우연이려니 생각하며 함
께 점심을 먹었고 아무렇지 않게 헤어졌다. 물론 헤어지면서 남편이 나
에게 해주었던 말은 마음에서 떠나질 않았다.

"덕분에 잘 웃고 갑니다."

아무래도 내가 그 자리에서도 유쾌한 에너지를 한껏 뿜어내었었나 보
다. 나중에 알고 보니 남편은 그때 나를 보며 '뭐 저렇게 철없는 여대생
이 있나?' 싶었다고 했다. 이 말인즉슨, '여대생이면 도도하고 차가울 법
도 한데 너무 밝아서 좋아 보인다.' 뭐 그런 뜻이 아니었을까 생각한다.
어쨌든 서로 좋은 인상을 남긴 채 헤어졌고, 그 이후 만남을 이어 가겠다
는 선택을 하게 되었으며, 결혼을 하겠다는 결정적 선택도 하게 되었다.
아무래도 신대원 수첩에서 사진을 고르던 중대한 선택 과정에서부터 하

나님이 함께해 주셨던 것이 아닐까?

물론 꽤 많은 사람이 하나님의 뜻과 별개로 선택을 할 수도 있다. 특히 배우자를 택하는 과정 역시 독단적으로 처리할 수도 있다. 그러나 혹여 그 선택이 잘못된 선택이었다고 해도 걱정할 필요가 없다. 앞서도 언급했듯 하나님은 그 선택에 함께하시기 때문이다.

자녀가 잘못된 선택을 하여 그에 대한 대가를 치르게 되었다고 해도 그걸 보면서 고소해 할 부모는 없다. 계모가 아닌 이상, '내 말 안 들었으니 이제 네가 알아서 하라.'며 완전하게 외면하지 못한다. 행여 외면하는 척해도 뒤에서는 마음 졸이며 바라보는 게 부모 마음이다.

하나님도 마찬가지다. 잘못된 선택으로 인해 우리가 그에 따른 고난을 겪을 수도 있다. 하지만 그렇다고 해서 하나님이 우리를 야단치시거나 버리시지는 않는다. 잘못된 선택에 따른 고통이 주어진다고 해도, 그 고통을 받는 우리 곁에 함께하시며 이길 수 있게 도우신다. 그리고 그것을 계기로 단련시키시며 더 발전된 미래를 만날 수 있게 하신다.

실제로 그때의 내 선택 역시도 잘못된 것일 수도 있다. 언니가 처음 소개해 준 사람을 만나는 게 하나님의 처음 택하신 뜻인데, 내가 잘못 택한 것일 수도 있다. 그러나 그렇다고 해도 하나님은 당황하지 않으신다. 플랜 B, 플랜 C를 다 가지고 계시기 때문에 내 선택에 맞게 뒤처리를 해주신다(물론 난 여전히 나의 선택이 하나님의 뜻이었다고 믿는다).

우리는 선택의 기로 앞에서 걱정할 필요 없다. 내 인생을 책임지시겠다고 아버지 하나님이 이미 약속하셨으니 크고 작은 선택 앞에서 초조

해 할 필요가 없다. 그리고 걱정할 시간에 차라리 기대를 해보자. 걱정은 그야말로 시간 낭비일 뿐이 아니겠는가. 또한 행여 실수로 잘못된 선택을 하더라도 죄책감은 갖지 말자. 넘어지면 일으켜 세워 주시고 업어 주실 하나님이 계시니……. 하나님은 우리가 죄책감을 갖는 것보다 당당하게 나오는 모습을 더 반겨 하신다(지나친 죄책감은 마귀가 주는 것이다). 무엇보다도, 전능하신 하나님은 그 잘못된 선택을 가지고서도 멋진 일을 만들어 내실 것이다. 하나님은 충분히 그렇게 하시고도 남는 분이다.

"우리가 알거니와 하나님을 사랑하는 자 곧 그의 뜻대로 부르심을 입은 자들에게는 모든 것이 합력하여 선을 이루느니라"(롬 8:28)

하나님께서
자갈밭 길을 주실 때는
그에 맞는 든든한
구두도 주신다

"When God gives you the gravel road, He also gives you the strong shoes suitable for it"(하나님께서 자갈밭 길을 주실 때는 그에 맞는 든든한 구두도 주신다). 이 말은 결혼 전부터 내가 즐겨 읽던 『Guidepost』(* 가이드포스트: 국내에서 발간되는 영한 대역 라이프 스토리 매거진)에 있던 한 구절이다. 오래전 읽었던 이 구절이 아직까지도 내 가슴속에 선명하게 남아 있는 데에는 나름의 특별한 사연이 있다.

결혼 전, 나는 깨끗하게 잘 포장된 아스팔트길을 걸으며 안정된 결혼생활을 즐기고 싶어 했다. 자갈밭 길을 가는 것은 엄두가 나지 않았다. 아니, 그럴 필요가 없어 보였다. 이런 생각을 하는 사람이 어디 나쁜이겠는가? 이 세상에서 군이 자갈밭 길을 걸으며 가정을 꾸려 나가고 싶어 할 사람은 아무도 없다.

그렇게 결혼을 앞둔 채, 나는 지극히 정상적이고 자연스러운 생각을 하며 앞날을 준비해 가고 있었다. 특히 나는 남편과 결혼을 하기로 마음을 먹은 상황에서, 별 문제 없이 사모의 길을 갈 것이라고 생각했다. 그러나 어느 순간부터 나의 결정을 뒤흔들려는 움직임이 곳곳에서 다가오기 시작했다.

먼저 권사님이신 큰어머니는 염려인지, 방해인지 구분이 안 될 말로 나를 타이르셨다. "넌 사모감 아니야." "너 사모 하면 고생한다." 큰어머니의 그 짧은 말씀이 이미 결정이 난 듯한 내 미래를 아주 혼란스럽게 만들었다. 과연 내가 그 길을 가도 되는지, 갑자기 막막해졌다.

거기에 초등학교 동창이 나더러 좋다고 고백을 하는 게 아닌가? 이게 대체 웬일이란 말인가. 기분은 좋은데, 좋은 기분만큼이나 갈등은 증폭되었다. 순간, 빨리 돌아서서 사모의 길을 포기하는 게 정답인가 싶었다.

그런데 바로 그 시기, 남편은 거제도 기도원에서 39일 금식기도를 하고 있었다. 신대원 졸업을 앞두고 앞으로의 길을 하나님께 온전히 맡기기 위한 특단의 결정이었다. 물론 남편 혼자 간 것은 아니다. 당시 신대원에서 기도모임을 하던 7명이 함께 금식을 하러 기도원에 갔다. 참고로 이 7명은 인생이 완전히 뒤집혀서 주님의 길을 가기로 한 사람들이었다. 그런데 하나님에 의해 뒤집힌 경험을 제대로 해서일까? 그 7명은 모든 상황 속에서 하나님을 절대적으로 의지하려고 했고 기도로 더 무장하려고 했다. 그러기에 기도 모임도 게을리하지 않았고 졸업을 맞아 이런 엄청난 결단까지 하게 된 것이다. 그리고 40일도 아닌, 39일 금식을 작정하게 된 이유도 참 독특하다. 예수님이 40일을 하셨으니, 우리는 겸손하게 하루를 줄여야 한다는 게 바로 그 이유인데, 이것을 보고 예수님도 얼마나 흐뭇하셨을지 상상해 본다.

그렇게 남편이 될 목사지망생이 기도용사들과 하나님 앞에 완전히 무릎 꿇을 그 시간, 나는 '이 길을 갈 것인지, 말 것인지'를 고민하고 있었던 것이다. 사모의 여정 앞에서 헌신의 마음으로 준비하기에도 바쁠 그 시간에 말이다. 왠지 나를 시험하는 그 요소들이 하나님의 싸인은 아닐지를 생각하면서…….

그런데 갈피를 못 잡고 있던 나에게 찾아온 메시지가 바로 "하나님께서 자갈밭 길을 주실 때는 그에 맞는 든든한 구두도 주신다."였다. 왼쪽은 영어, 오른쪽은 한글로 되어 있는 『가이드포스트』의 표지에 있던 그 문장은 애초부터 나를 위해 준비된 문구처럼 내 가슴에 완전하게 파고들었다. 보는 순간, 그 즉시 내 가슴에 새겨졌다고 해도 과언이 아닐 것이다. 영어로 읽든, 한글로 읽든 그 메시지는 너무나 강력했다. 부인할 수도 부정할 수도 없는 하나님의 음성이었다. 순간 나도 모르게 대답이 나왔다.

"네……. 알겠습니다……. 알겠습니다……."

고민할 필요도 없었다. 이미 내 입술에선 그런 고백이 흘러나오고 있었다. 얼마나 나를 답답하게 보셨는지, 하나님은 그 표지의 문구를 통해

서라도 나를 붙들고자 하신 것이다. 그때 나는 든든한 구두란 말 한마디에 평안을 되찾았다.

그리고 든든한 구두……. 그것은 바로 성령님이었다. 성령님이 함께하시지 않으면 아스팔트길에서도 넘어지고 다칠 수 있지만, 성령님이 함께하시면 자갈밭 길에서도 자유롭게 거닐 수 있음을 그제야 알았다.

그렇게 그 문장을 통해 하나님의 음성을 듣는 순간, 더 이상 나는 곱게 깔려진 길만을 고집하는 연약한 모습으로부터 벗어날 수 있었다. 자갈밭 길, 아니 그보다 더한 길이라도 성령님이라는 구두 때문에 당당히 거닐 수 있다는 자신감을 얻게 되었다. 그러니 이제 사모의 여정이 어떠하든, 그것은 더 이상 내가 고민할 문제가 아니었다.

이 이야기는 내가 코스타 강의에서 항상 나누는 내용이기도 하다. 아마 이 이야기를 듣는 청년들 중 꽤 많은 사람이 자갈밭 길을 앞두고 갈등에 빠져 있었을 것이라 생각한다. 나는 그 갈등이 얼마나 괴로운 것임을 알기에 더 간절히 기도한다. 『가이드포스트』의 한 문장을 통해 하나님이 나를 바로잡아 주신 것처럼, 그 강의를 통해 하나님이 저들의 마음을 굳세게 해주시기를! 그리고 그 든든한 구두와 함께 험한 길도 기쁨으로 갈 수 있기를!

하나님은
내가 있어야 할
바로 그 자리에
나를 세우신다

결혼 후, 내가 처음으로 있었던 사역지는 달동네 한복판에 있던 천성교회였다. 그런데 가난한 지역의 힘든 환경에 있던 천성교회에서 7개월간 사역을 하다가 제주도로 사역지를 옮기게 되었다. 사실 인천과 서울만 오가던 나에게, 제주란 곳은 너무나 뜬금없는 장소였다. 친척이나 지인이 있는 것도 아니었다. 그런데 하나님은 제주로 우리를 옮기셨다.

제주로 가기까지 우리에게는 많은 일이 있었다. 솔직히 말하면 서글픈 일이다. 나는 친정교회이기도 한 인천제일교회에서 5년간 성가대 지휘를 했었고 교회학교 교사로도 봉사를 했다. 아이들도 나를 참 좋아했고 잘 따랐다. 그러니 담임목사님도 교사인 나를 아끼셨는지 어느 날, 남편을 사역자로 쓰시겠다는 제안을 했다. 남편에 대해서는 잘 모르겠지만 전경숙 선생님을 놓치는 것이 아깝다고 하면서. 그리고 마침 그때 어떤 전도사님이 군대에 가게 되어 자리가 남았다고 했다. 처음에는 이게 웬 은혜인가 싶었다. 그렇게 봐주시는 것도 고마웠고, 친정교회에서 남편이 사역을 하게 된 것도 절호의 찬스라 생각했다. 그러면서 담임목사님은 형식적으로 이력서 한 통만 가지고 오라고 하셨다.

당시 첫아이를 가진 지 5, 6개월 정도 되었을 때였는데, 우리는 그 말을 철석같이 믿고 이력서 한 통만 준비했다. 11월 말까지 다른 사역지도 알아보지도 않았다. 이미 정해진 곳이 있으니 알아보아서도 안 되었다. 그렇게 그 이력서 한 통만 그대로 들고 교회로 갔다. 하지만 믿고 간 그 곳에서 청천벽력 같은 소식을 듣게 되었다. 남편이 인사위원회에서 부결이 되었다며 같이 사역을 못하게 되었다고 하시는 것이다. 알고 보니, 군대에 가기로 한 전임 전도사가 남편의 신앙경력을 문제 삼았다는 게 아닌가? 그 전도사는 남편을 잘 아는 사람이었는데, '김전도사님은 신앙경력이 없으니 규모 있는 교회에 오기 어렵지 않겠냐?'고 이의를 제기했다고 한다. 그래서 결국 그런 결정이 내려졌다는 것이다.

원망하고 싶지만 어디 원망할 데도 없었다. 얼마나 속상했었는지 15분 거리의 친정집도 못 가고, 집으로 그냥 와버렸다. 참으로 난감한 상황 속에서 눈물이 멈추질 않았다. 갈 곳이 없게 되었을 때 겪는 그 비참함은 어떻게 극복할 방법이 없었다. 당장의 생계와도 직결되는 문제였기에 더욱 그랬는지도 모른다.

그런데 그 시기, 장신대 칠판에 제주영락교회 전도사를 구한다는 공고가 딱 하나 남아 있었다. 이미 12월이 접어들어 사역지 공고가 다 끝난 상황인지라 남은 것이 그 하나뿐이었던 것이다. 아무리 제주영락교회가 큰 교회라지만, 제주에까지 갈 사람은 흔하지 않았던 것 같다. 거기에 제주도가 아무리 관광지라지만, 80년도의 제주는 이질감이 확 풍기는 곳에 불과했다. 관광지로서는 좋지만 거주지로서는 택하고 싶지 않은 그런 곳이었다. 그런 이유 때문인지, 그 종이 한 장만 달랑 남아 있었다. 아주 외롭게⋯⋯. 마치 우리의 신세처럼⋯⋯.

우리는 이제 중대한 선택을 해야 했다. 그런데 엄밀히 말하면 선택할 것도 없었다. 선택지가 하나뿐인데 무슨 선택을 또 한단 말인가? 우리는 하나 남은 선택지를 두고 부모님들께 조언을 구했다. 놀랍게도 당시 모두가 긍정적으로 반응해 주셨고 특히 기도하는 분들도 다 그곳이 좋다며 적극 추천해 주셨다. 그런데 그 가운데서도 아버지의 말씀이 유난히 기억에 생생히 남아있다.

"가라. 다 서울에만 있으면 어떡하냐. 시골에도 가야지."

그런데 이게 무슨 일인가. 인천제일교회에서 다시 엽서 한 장이 날아온 것이었다. 인사위원회에서 김창근 전도사를 다시 쓰기로 했다면서⋯⋯. 나는 울면서 하나님께 여쭈었다.

"하나님, 우리 어떻게 하냐고요⋯⋯."

이미 제주영락교회에서는 우리가 간다고 너무 기뻐하시면서 이삿짐은 걱정 말고 '카페리'로 보내시라며 그 비용은 교회에서 다 대주신다고 했다.

한편으로 나는 하나님께 좀 야속하기도 했다. 이렇게 해 주실 거면 미리 해 주시지 그랬냐고……. 새벽에 기도하는 중에 하나님의 음성이 들려오는 듯 했다.

"경숙아. 나는 '약속의 하나님'이다. 너희들이 제주영락교회 성도들과 이미 약속한 거 아니니?"

"네, 알겠어요. 하나님."

이렇게 힘든 결정을 한 후에 다시 인천제일교회 목사님을 찾아뵙고 감사의 인사를 드리고 우리는 제주로 향했다. 수도권에서만 지내던 나에게, 다른 지방도 아니고 제주라는 섬에 가야 한다는 것이 막막하게만 다가왔다. 마치 유배되는 것처럼. 아무리 제주영락교회가 제주에서 제일 큰 교회라고 해도, 제주라는 외딴곳에 간다는 것은 많은 것을 포기해야 하는 일이었기 때문이다. 그러나 이 모든 과정은 하나님이 나를 '있어야 할 곳'으로 옮기시는 절차였다.

제주영락교회에서 정착하면서 하나님은 더 활발히 사역하도록 이끌어 주셨다. 전도사 1년 만에 부목사를 할 수 있게 하셨고, 부목사 1년 만에 담임목사가 되게 하셨다. 지금 같으면 법적으로 불가능한 일이지만 당시에는 이것이 가능했다. 그리고 이렇게 빠른 시간에 담임목사가 될 수 있었던 것은 '부족함을 알았기 때문'이었다. 남편은 신앙경력이 짧은 자신이 늘 부족하다고 생각했다. 그래서 무조건 겸손했고 무조건 열심히 했다. 시키는 것이라면 뭐든지 열심히 했다. 하나님은 그런 모습을 성도들 눈에 귀중하게 보이게 하셨고 결국 단기간에 담임목사로 세워질 수 있게 해주셨다.

그리고 그 과정에서 훌륭한 동역자도 붙여 주셨다. 아직까지도 존경스러운 사역자, 이태흠 전도사님……. 그분은 평생 목사 안수를 안 받고 전도사님으로 헌신하기로 작정하셨던 분이다. 제주 토박이였던 그분이 함께 다니며 제주 방언 통역(당시 제주방언이 너무 심해 절반 정도는 알아듣기 힘들었다)을 해주셨고 든든한 버팀목이 되어 주셨다. 역시 하나님은 이렇게 있어야 할 곳에 있으면, 그에 맞는 동역자를 만나게 하셨다.

한편 인천제일교회는 갑자기 담임목사님이 사역지를 옮기시는 바람에 그분 아래 있던 부교역자들 역시 모두 사역지를 옮기게 되었다. 처음에는 그곳에 들어가지 못해 낙심했는데 오히려 그곳에 안 가서 황당한 상황을 면하게 된 것이다. 그렇다고 그때 사역지를 옮기게 된 인천제일교회 사역자분들을 안타깝게 여기는 것은 아니다. 그분들에게는 그 이동이 또 다른 인도하심의 한 과정이었을 테니. 아마도 그 일을 계기로 그분들 역시 하나님이 예비하신 또 다른 사역지에 세워지게 되었으리라 믿어 의심치 않는다.

어찌되었든, 한없이 부족했던 사역 초년생이었던 우리 부부는 750명이나 되는 큰 교회에서 전도사로, 부목사로, 담임목사로 사역을 하게 되었다. 너무나 낯선 곳이었지만 하나님이 함께하셨기에 힘을 낼 수 있었고 유난히 따뜻했던 성도들과 이태흠 전도사님을 비롯한 동역자들이 계셨기에 웃으며 사역할 수 있었다. 그리고 우리는 분명히 깨달아 갔다. 이

곳이 바로 내가 있어야 할 곳이었음을.

　현재 두 아들 모두 사역자로 일하고 있다. 사역지를 찾아 기도할 때마다 우리의 일을 얘기해 준다. 사역지는 하나님께서 보내 주시는 것이라고…….

하나님이 가라고
하신 곳은 어디든……
(단, 수세식 변소만 있다면)

제주영락교회에서 사역을 시작한 지 얼마 안 되었을 때, 부부 성경모임을 가졌던 적이 있다. 하루는 모임을 이끄는 리더가 이런 질문을 던졌다.

"만약 이 자리에 예수님이 오신다면 어떤 소원을 말씀하시겠어요?"

당시 내 대답은 간결하면서도 강렬했다.

"천국행 표요."

어찌 보면 매우 겸손해 보이고 거룩해 보이는 대답 같지만, 또 한편에서 보면 어이없는 대답이기도 하다. 사모가 천국행 표를 소원한다니……. 이미 구원을 받았다면, 천국행 표를 확보했다고 자신해야 하는 것 아닌가? 하지만 부끄럽게도 그때 나는 천국 자체에 대한 확신이 부족했다. '천국 가봤어?' 이런 마인드를 사모인 내가 가지고 있었다. 그러니 저런 대답이 나올 법도 했다. 사모라 하는 사람이 천국을 믿어야 하긴 하는데 잘 믿어지지는 않고……. 천국이 있다면 가긴 가야겠는데 천국에 대한 확신도 없는 내가 갈 수 있을까 싶기도 하고……. 아마 그런 복잡한 심경 속에서 저런 대답이 나왔던 것 같다.

그런데 리더는 질문을 다시 했다.

"아니, 그런 영적인 것 말고요. 좀 실제적인 소원 말해 보세요. 하하."

나는 잠시 후, "수세식 변소요."라고 말했다. 81년 당시만 해도 수세식 변소가 흔하지 않았던 시기라 우리가 거하는 사택 역시 수세식 변소가 아닌 재래식 변소였다. 그런데 내가 이렇게 대답하고 나니, 아마 듣고 있던 사람들은 꽤나 황당했을 것이다. 이 정도로 구체적으로 대답할 거라고는 생각하지 못했을 것 같다. 하지만 얼마나 수세식 변소가 절실했으면 그런 대답이 나왔을까? 특히 당시 나는 첫째 아들 진우를 가진 상태였고 거의 임신 후기에 돌입한 때였다. 그래서 무엇보다 수세식 변소가 꼭 필요했다. 정말이지 예수님이 정말 내 앞에 계신다면, 그것부터 만들어 달라고 하고 싶었다.

감사하게도 2년 후, 나의 간곡한 소원을 하나님이 들어주셨다. 우리 집에도 드디어 수세식 변소가 생겼다. 나에게는 특별한 선물이 아닐 수 없었다. 그러면서 나는 이렇게 고백하곤 했다.

"하나님, 하나님이 가라고 하시는 곳은 어디든 갈게요. 단, 수세식 변소는 만들어 주세요."

물론 나도 연약한 인간인지라, 세월이 흐르고 흐르면서 그 마음이 변할 때도 있었다. 수세식 변소만 있으면 뭐든 다 따르고 뭐든 다 감사하겠다고 했지만 그게 어디 쉬운 일인가. 화장실 들어갈 때와 나올 때가 다르다는 말처럼 수세식 화장실이 집에 두 개나 있는데도 오히려 불평이 두 배로 늘 때도 있었다. 하지만 불평을 하긴 해도, '수세식 변소'를 갈망하던 과거의 기억이 있기 때문에 나 자신을 다시금 다잡는다. 그리고 나도 모르게 투덜거리고 불평할 때면 남편도 과거의 추억을 끄집어낸다.

"당신 소원이 뭐였지?"

그럼 씨익 웃으면서 이렇게 말한다.

"수세식 변소!"

"정직함과 만족함은 누구나 가질 수 있는 영혼의 부유함이다."

너 아직도 내가 좋으냐?
내 옆에 오고 싶으냐?

교회 다니는 사람이라고 해서 다 천국을 믿는 것은 아니다. 바로 내가 교회를 다니면서도 천국은 믿지 못하는 그런 사람이었다. 앞에서 이야기 했던 것처럼 나에게 천국은 믿고 싶어도 믿어지지 않는 그런 곳이었다.

어쩌면 천국에 대해서 확신이 없었던 것은 교회에 대한 회의와 연결 되었는지도 모른다. 열심히 교회에서 봉사하며 신앙생활을 한다고는 했 지만, 종종 목회자들과 직분자들이 싸우는 것을 보면서 '대체 교회가 왜 이럴까?', '착하게 살면 되지 저게 뭘까?' 싶기도 했다. 그러다 보니 천국 에 대한 존재가 믿어지지 않았다. 그만큼 나는 무지했었다.

하지만 하나님은 그런 나를 내버려 두지 않으셨다. 천국을 부정하고 천국을 경험하지 못하며 살아가는 나에게 어떻게 해서든 천국을 선물로 주고 싶어 하셨다. 바로 1986년이 끝나갈 그 무렵, 그 선물을 내가 갖게 되었다.

1986년 11월 11일부터 12월 20일, 남편은 제주영락교회 새성전 건축 후에 두 번째 40일 금식에 들어갔다. 당시 기도의 어머니이시기도 한 시어머니는 그 기간 동안 우리는 철야를 하자고 제안하셨다. 그리고 한 끼라도 금식을 하자고 권유하셔서 아버님과 어머님, 나는 40일간 한 끼씩 금식을 했다.

한편 당시 남편은 기도원이 아닌 교회 사무실에서 금식을 했다. 직전에 샌프란시스코 D.Min 과정 때문에 미국에 몇 달 갔다 온 상황이라, 교회를 더 비울 수 없었기 때문이다. 그러기에 교회 사무실에서 금식을 했다.

그런데 25일째가 되었을 때 갑자기 집으로 돌아왔다. 다 죽어가는 모습으로 남편이 나타나자, 처음에는 금식을 끝내는 줄 알았다. 하지만 장소만 바뀌었을 뿐, 금식은 계속되었다. 당시 남편이 집에 들어오게 된 이유는 이랬다. 남편은 당시 물도 다 토할 정도로 힘들어하는 상황이었다. 사람들이 잘만 마시는 각종 생수들도 다 거부할 정도였다. 또한 평상시 같으면 아무렇지도 않았을 하수도 냄새도 그때는 그토록 견디기 어려워 토했다고 한다. 거기에 겨울이 본격적으로 시작되면서 추위에 더욱 시달릴 수밖에 없었다.

그런데 이것은 남편 입장에서의 이유였을 뿐이다. 하나님이 생각하신 진짜 이유는 따로 있었다. 돌아보니, 그때 남편이 집에 복귀한 이유는 나를 깨뜨리시기 위함이었음에 틀림없다. 하나님은 그 남은 금식 기간 동안 나를 더 처절하게 훈련시키셨다.

아무리 영광된 금식이라지만, 그 금식하는 모습을 바로 옆에서 보고 있는 것은 너무나 가슴 아픈 일이었다. 17Kg이나 빠져서 몸을 가누는 것조차 힘들어하는 남편은 신음하면서 잠도 제대로 못 잤다. 그만큼 아파했다. 그런 남편을 위해 내가 할 수 있는 것은 수건에 따스한 물을 적셔 닦아 주는 것뿐이었다. 그것도 갈빗대가 다 드러난 몸을……. 남편은 하루가 천년 같고 천년이 하루 같다는 말을 실감하겠다고 했다. 하루하루 버티는 것이 그만큼 버거웠던 것이다.

그런데 신기하게도 새벽예배를 인도하기 위해 강대상에만 서면 금식하는 사람 맞나 싶을 정도로 힘이 넘쳤다. 하루도 빠짐없이 새벽강단을 지키며 설교했고 그 기간에 벧엘 성서연구가 진행 중이었는데 금식 30일째까지 그 과정을 끝까지 인도했고 졸업시켰다. 심지어 철야가 끝나고 나면 우리 가족을 데려다주기 위해 운전까지 했다. 밤새 끙끙 앓던 사람이 예배의 자리에만 서면 그렇게 돌변했다. 이 강대상은 그냥 강대상이 아니라, 하나님이 붙들어 주시는 자리임을 절실히 느낄 수 있었다고 한다.

한편 나는 할 수 있는 것이 아무것도 없어 그저 기도만 했다. 아니, 기도라고 할 수도 없었다. 그냥 부르짖음이었다.

"하나님, 저 사람 죽어도 나는 살 수 있어요. 그런데 진우와 진석이는 애비 없는 자식으로 못 키우겠어요."

이게 기도 내용의 전부다. 기도라고 하기에도 민망한, 그런 복받쳐 오르는 탄식으로만 가득 차 있었다. 그런데 기도 같지도 않은 기도였다고 생각했는데, 하나님은 그것을 기도로 받으셨는지, 나에게 이상한 일이 벌어지게 하셨다. 혀가 꼬이는 듯한 이상한 느낌이 생겼다. 뭐라고 표현할 수 없는 그런 상황이었다. 어머님은 그것이 방언이라고 하셨다. 나는 그때까지도 방언에 대해 감을 잘 잡지 못했던 것 같다. 그래서 방언의 은사를 받고도 그것이 방언인 줄 모르고 있었던 것이다.

그렇게 하나님은 나를 만나 주셨다. 단지 방언을 할 수 있게 된 변화만 생긴 것이 아니라 내 생각과 마음이 달라지기 시작했다. 말도 안 된다고 생각했던 천국의 실체가 분명하게 느껴지기 시작했다. 천국이 존재하고 그 천국을 바로 내가 갈 수 있음을 깨닫게 되었다. 그리고 무엇보다 살아 계신 하나님을 깨닫게 되었다. 물론 이전에도 하나님을 잘 믿었지만 하나님과 인격적인 만남 없이 그냥 형식적으로만 그분을 알아 갔다. 그러기에 하나님을 믿는다고 하면서도 지금 살아 계셔서 내 삶을 이끄시는 그분의 손길을 느끼지 못했다. 그러나 그 시기를 겪으며 다 알게 되었다. 하나님이 살아 계시고, 그 하나님이 준비하신 천국이 있고, 그런 하나님이 나를 사랑하신다는 것을.

천국이 있다는 것을 알게 되면서 나는 이런 고백도 드리게 되었다.

"우리 진우, 진석이만 아니면 하나님한테 가고 싶어요."

이처럼 천국을 믿게 되자, 동시에 천국을 소망할 수 있게 되었다. 특히 천국이 세상보다 훨씬 좋고 멋있어서 소망한다기보다는, 빨리 하나님께 가고 싶어서 소망하게 되었다.

"하나님한테 가고 싶어요. 정말로요."

누가 들으면 딱 죽고 싶다는 말 같을지 모르지만, 정말 그때는 그분께로 가고 싶었다. 그냥 옆에 있고 싶었다.

그런데 하나님 역시 그 고백이 너무 좋으셨는지 그때 이후로 종종 그때의 고백을 받고 싶어 하신다. 내가 하나님을 멀리한다 싶으면, 툭툭 건드리신다. 이런저런 사건까지 만들어 가시면서……. 그러면서 하나님은 이렇게 말씀하신다.

"경숙아, 너 아직도 내가 제일 좋으냐? 아직도 내 옆에 오고 싶냐?"

그렇게 말씀하실 때, 내 대답은 아주 간단하다.

"그럼요."

여부가 없다. 아직도 가고 싶다. 하나님 옆에 가고 싶고 하나님이 제일 좋다. '주 예수보다 더 귀한 것은 없네'(새찬송가 94장/통일찬송가 102장)라는 찬송 가사가 딱 내 마음이다. 물론 순간순간 예수님 대신 다른 것이 나를 흔들기도 하지만, 흔들리는 것은 잠깐일 뿐이다. 더 흔들리려 해도 흔들릴 수 없다. 하나님이 그런 나를 가만히 두지 않으실 테니…….

BC와 AD는
하늘과 땅 차이다

신앙 이력서를 내보라고 한다면, 내 스펙은 어디를 내놓아도 뒤처지지 않는다. 3대째 기독교 집안에, 모태신앙에, 미션스쿨 출신에, 사모로서 사역까지 하고 있으니……. 그러니 얼마나 많은 예배를 드렸겠는가? 그런데 찬송가 4절까지 외우는 것은 거의 없었다. 솔직히 외우려는 노력도 많이 하지 않았던 것 같다.

그런데 남편의 금식을 계기로 살아 계신 하나님을 만나고 나서는 달라졌다. 찬송이 하나님을 향한 고백이어서 그런가, 찬송이 술술 외워졌다. 외우고도 싶었고 쉽게 외워지기도 했다. 그러니 더 외우고 싶었다.

나 같은 죄인 살리신, 주 예수보다 더, 주 안에 있는 나에게, 저 장미

꽃 위의 이슬……. 이런 찬송들이 줄줄 흘러나왔다. 이것은 분명 거대한 변화였다. 자꾸만 노래로 하나님께 사랑을 고백하고 싶은 것, 이왕이면 더 많은 사랑과 감사의 노래를 불러 드리고 싶은 것, 이것이 나에게 찾아온 신기한 일들이었다.

그뿐이 아니었다. 사모로서 누구보다 예배를 많이 드렸지만 이전까지만 해도 예배 시간에 졸았던 적이 종종 있었다. 물론 피곤했다. 사모로서 해야 할 사역에 아이들까지 키워야 했으니 얼마나 고단했겠는가? 그러니 피곤하다는 것도, 고단하다는 것도 충분히 일리 있는 말이다. 하지만 그것도 엄밀히 말하면 핑계다. 사랑하는 사람과 데이트를 하는데 세상에 졸 사람이 누가 있겠는가? 너무 좋아하면, 아무리 피곤해도 안 졸린다. 그를 보면 눈이 오히려 초롱초롱해질 수밖에 없다.

그런데 하나님에 대한 사랑을 깨닫고 나도 하나님을 사랑하게 되자, 더 이상 졸리지 않았다(물론 꼴딱 새웠을 때는 조금 존다. 아주 조금). 그뿐이 아니다. 그때부터는 어떤 분이 설교를 해도 은혜가 되었다. 남들은 저게 설교냐 반문해도 나에게는 꿀보다 맛난 하나님의 말씀이었다. 엄마가 만들어주신 음식은 무엇으로 요리해도 다 맛있는 것처럼 누가 설교하시든, 하나님의 말씀을 가지고 전하는 설교라면 다 좋았다.

그런데 정말로 달라진 것이 하나 더 있다. 아마 이것이 가장 획기적인 변화가 아닐까 생각한다. 그것은 바로 하나님을 자랑하고 싶은 마음이 생겼다는 것이다. 그 이전까지는, 솔직히 전도를 못했다. 어색하고 창피하고 쑥스럽고 민망한 게 전도였다. 그런데 하나님을 만나고 천국이 있는 것을 알게 되자, 전도하지 않을 이유가 없었다. 기회만 되면 하고 싶은 게 전도였다. 대상도 따로 정해진 것이 아니다. 어른이건, 아이이건 상관없이 다 전도하고 싶었다. 장소 역시 가리지 않았다. 사람들과 스쳐 가는 공간인 엘리베이터에서도 하나님을 전했다. 아니, 하나님을 자랑했다. 이것이 가장 크고 놀라운 변화였다.

바로 이것이 BC(Before Christ = 예수님을 만나기 전)와 AD(Anno Domini = 예수님을 만난 후)의 차이였다. 이 차이는 실로 엄청났다. 하나님을 만나면 기분이 좋기만 할 줄 알았는데 이렇게 삶이 변했다. 아주 구체적이고도 실질적인 변화가 생겼다.

그리고 나는 이제 하나님을 만났고 천국을 믿게 된 만큼 모든 것을 걸수 있게 되었다. 카드 게임에서 판돈이 클수록 더 매진하고 더 올인하는 것처럼, 나도 여지를 남겨 두지 않고 다 걸게 된 것이다. 이렇게 여지를 남겨 두지 않고 올인한다면, 더 이상 겁먹을 것도 아까워할 것도 없을 것이다.

하나님의 말씀이
해법이고
모범답안이다

진우가 15개월이 되었을 때다. 돌이 지났다고 하지만, 내 눈에 진우는 신생아처럼 약하디 약한 아기였다. 그런 진우가 갑자기 이상 증세를 보였다. 조금만 열이 올라도 벌벌 떠는 게 부모 마음인데, 열이 펄펄 끓어 올라 애간장을 태웠다. 그것도 일시적인 고열 증상이 아니었다. 도무지 꺾일 조짐을 보이지 않았다. 무엇인가를 먹은 게 잘못된 것 같긴 한데, 지속되는 고열에 의사 선생님도 어찌할 바를 몰라 했다.

당시 담당 선생님은 소아과 전문의 박사임과 동시에 제주영락교회 안수집사님이셨다. 아무리 유능한 의사라도 알 수 없는 병세 앞에서는 두 손 두 발 다 들 수밖에 없었다(참고로 그 일로 안수집사님도 하나님께 더 많이 매달리셨다).

그렇게 하루가 지나고 또 하루가 지났다. 알 수 없는 고열 증세로 결국은 21일간을 병원에 있었다. 그러니 다른 의사들도 포기하라고 할 정도였다.

말도 잘 하지 못하는 아이가 아픔을 호소하는 동안, 내 마음은 어떠했을까? 도저히 추스를 수가 없었다. 하나님을 붙들 힘도 없었다. 그래도 기도는 했다. 할 수 있는 것은 그뿐이었으니……

그러던 어느 날, 기도하는데 갑자기 인천제일교회를 다닐 때 들었던 설교 본문이 떠올랐다.

주신 이도 여호와시요 거두신 이도 여호와시오니 여호와의 이름이 찬송을 받으실지니이다 하고 이 모든 일에 욥이 범죄하지 아니하고 하나님을 향하여 원망하지 아니하니라

욥기 1장 21절, 22절 말씀이다. 내가 이 말씀을 유난히 좋아했던 것도, 그때의 설교 말씀을 틈틈이 상기시켜 온 것도 아니다. 그 설교 말씀을 들은 후, 한 번도 그 설교를 되새겨 본 적이 없을 정도였다. 그런데 그 옛날에 들었던 말씀이 갑자기 내 앞에 다시 찾아온 것이다. 하나님이 그 말씀으로 나를 다시 만나 주신 것이다.

그 말씀을 듣는 순간, 이 고백이 내 고백이구나 싶었다. 그리고 원망과 답답함으로 가득했던 나에게 평안한 마음이 밀려오기 시작했다. 그러

면서 욥이 그랬던 것처럼, '입으로 범죄하지 않겠다'고 울면서 기도했다. 그 어떤 사람의 말도 나를 위로해 주지 못했지만 과거에 들었던 그 말씀은 살아 움직여 나를 다시 살리신 것이다.

그 이후, 하나님의 인도하심을 바라보기만 했다. 걱정되었지만 다급해하지 않았고 아파하는 아이가 안타까웠지만 절망하거나 원망하지 않았다. 그리고 그 이후부터 하나님은 본격적으로 치료 작전을 펼치기 시작하셨다.

먼저 기도를 많이 하시는 한 권사님이 방문을 하셨다. 그분은 진우의 몸을 잡고 기도를 하셨는데 갑자기 진우가 경련을 일으키는 것이었다. 그때 권사님은 기도하시면서 '찬송이 끊이지 말아야 할 집에 찬송이 끊어졌고 기도가 끊이지 말아야 할 집에 기도가 끊어졌다.'고 말했다. 사실 그 권사님도 우리 가족이 어떻게 지내고 있는지 잘 모르신다. 그런데 하나님은 영적으로 모든 것을 알게 하시고 가르쳐 주신 것이다.

이제 우리는 우리 가족에게 주어진 과제를 깨달았다. 기도와 찬송의 회복. 그것부터가 필요했다. 그때부터 우리는 회개하면서 기도했다. 그 어떤 것보다 이 두 가지를 회복하는 일에 전력하겠다고 약속했다.

그러고 난 후, 이번에는 침을 잘 놓는 장로님이 오셨다. 진우의 소식을 듣고 침을 놔봐야겠다며 오신 것이다. 그래도 병원에서 침을 놓는 것은 상도에 어긋난 것이라 비밀리에 진행하고 신속히 떠나셨다.

그런데 침을 놓고 나자, 열이 떨어졌다. 서서히 떨어진 것도 아니고 그냥 한번에 떨어졌다. 그리고 모든 것이 제대로 돌아오기 시작했다. 나중에야 알고 보니 급하게 체를 한 모양이었다. 참고로 나도 체하면 침을 맞아야 해결이 되는데, 진우도 아마 그런 체질이었던 것 같다. 그렇게 21일간의 대장정을 끝내고 진우는 집으로 무사히 복귀했다. 급체로 21일 동안 입원을 한 것은 아마 그 어디에서도 볼 수 없는 사건이 아닌가 싶다.

분명 그때의 사건은 하나님의 작전이었음에 틀림없다. 진우가 갑자기 체해서 아픈 것도, 바늘로 한 번 따면 될 것을 굳이 병원으로 데리고 간 것도, 병원에서 손을 쓰지 못한 것도 인간의 착오 때문이 아니라 하나님이 말씀으로 우리를 회복하시기 위한 작전이었다. 그리고 하나님의 작전이었기에 하나님의 사람을 통해 하나님의 방법으로 치료하셨고 하나님이 우리 가정에 원하시는 일을 궁극적으로 깨닫게 하셨다.

무엇보다 나는 그 과정을 통해 말씀이 주는 힘이 얼마나 위대한지를 알았다. 그리고 적재적소에서 말씀을 깨닫게 하시는 하나님의 섬세하심에 감탄하지 않을 수 없었다.

지금 내 앞에도 그 말씀이 있다. 복잡한 인생사 앞에서 답답할 때, 그래도 이 해답지가 내 곁에 있어 얼마나 고마운지 모른다. 모든 해법과 최고의 모범답안을 구하기 위해 이리저리 방황하지 않아도 되니 얼마나 편하고 좋은가.

30배, 60배, 100배는
과장이 아니다

제주영락교회에 있을 때, 당시 나는 5만 원씩 헌금을 했다. 아무래도 담임목사면 이 정도는 해야 한다고 생각했다. 물론 그때 당시 5만 원은 지금으로 따지면 30만 원 정도가 된다. 적지 않은 돈이었다.

그런데 한번은 5만 원을 드리기 힘든 상황이 되었다. 사례비를 받기까지 일주일을 버텨야 했는데 남은 돈이 4만 원뿐이었다. 결국 1만 원으로 일주일을 살기로 하고 3만 원만 드리기로 했다.

한편 당시에도 헌금을 드릴 때 액수와 이름을 쓰게 되어 있었는데 나는 그날만큼은 3만 원이라고 쓸 수가 없었다. 3만 원도 큰돈이라지만, 그냥 죄송했다. 돌아보면 그럴 일이 아닌데 그땐 왠지 그럴 수밖에 없었다. 결국 남편 이름만 쓰고 액수는 기입하지 않은 채 헌금을 드렸다. 그리고 어느새 내 눈에는 눈물이 맺혔다. 그냥 서러웠다. 죄송한 마음도 들었다.

그런데 그 주일이 지나고 놀라운 일이 벌어졌다. 그 주간에 어떤 성도님이 목사님의 주민등록번호를 알려 달라는 것이었다. 나는 무슨 일인가 싶어 알려 드렸는데, 그분이 그 번호로 목사님 통장을 만들어 돈을 500만 원 넣어 주신 것이 아닌가?

"목사님, 이거 필요한 데, 좋은 데 쓰세요."

이 말을 덧붙이면서…….

3만 원을 울며 드렸는데, 500만 원이 그 주에 들어왔다. 반올림해서 167배다.

> 더러는 좋은 땅에 떨어지매 자라 무성하여 결실하였으니 삼십 배나 육십 배나 백 배가 되었느니라 하시고(막 4:8)

물론 그 돈은 모두 남편의 사역을 위해 쓰였다. 그분께서 '좋은 데' 쓰라고 했기 때문에 우리 가족은 그 돈을 단 1원도 쓸 수는 없었다. 마침 남편은 제주도교회협의회 회장을 역임하고 있었는데 그때 제주 복음화를 위해 하고 싶은 일들이 많았다. 그러나 재정적 여건 때문에 추진하지 못하고 있었는데, 그 돈으로 많은 사역을 할 수 있었다.

우리 가족이 쓰지는 못했어도, 그 일을 통해 하나님의 역사하시는 방법은 우리가 계산하는 것을 완전히 초월함을 깨달을 수 있었다. 물질을 주관하시는 하나님의 역사하심은 우리가 예측할 수 없는 영역이었다. 그러기에 더욱 기대할 수밖에 없고 신뢰할 수밖에 없다고나 할까? 그리고 정작 나는 부끄러워하면서 눈물로 3만 원을 드렸는데 하나님은 그것을 오히려 기쁘게 받으신 것 같아 감사했다. 역시 하나님은 액수 가지고 판단하지 않는, 그런 분이셨다.

이후로 나는 누군가에게 후원을 할 때 이렇게 말한다.

"이것은 선교사님 가족 식사하시라고 드리는 것입니다."

"이 돈의 반은 부모님 드리고 나머지는 선교사님 개인을 위해 쓰세요."

"이것은 옷 사 입는 데 쓰세요."

이렇게 말하지 않으면, 헌신된 사역자들은 또 헌금을 하려고 한다. 그분들은 헌신이 습관이 된 사람들이라, 자기가 쓰고 싶어도 쓰지 못하고 공적인 일, 좋은 일을 위해 써야 한다고만 생각하는 것이다. 아마 그때 그분도 500만 원을 단지 사역을 위해서만 쓰라고 주신 것은 아니었을 것이다. 목사님을 이모저모로 챙겨 드리고 싶은 마음도 담겨 있었을 것이다. 그러나 '좋은 일'이라고 한 이상 우리가 사적으로는 쓸 수가 없었다. 그래서 나는 사적으로 쓰이길 원할 때는 아주 구체적으로 말한다. 그러면 그분들도 편하게 쓸 수 있다. 평소에 못 먹던 것도 그 한 번쯤은 마음 놓고 기쁘게 먹을 수 있다.

너 거기 있다가
우상이 될까 봐
내가 옮긴다

결혼 후, 안전지대에 이르게 되었다고 생각했던 시기가 있었다. 제주 영락교회에서 사역을 하면서 자리를 잘 잡았을 때의 상황이다. 막막함을 안고 제주에 왔지만 하나님의 은혜 가운데 담임목회자로 사역을 하게 되었고 교회도 더 부흥하게 되었으니, 이제는 막막함 대신 안정감이 찾아왔다고 볼 수 있는 때가 온 것이다. 그렇게 제주에서 차곡차곡 쌓인 14년 반이라는 긴 기간과 그 속에서 이어져 온 사역들 때문에 이제는 '고생 끝 행복 시작'만 있다고 해도 과언이 아닐 거라 싶었다. 거기에 특별새벽기도 참석 성도가 1,000명을 웃돌 정도로 교회가 부흥하는 것은 물론, 교회 자체의 입지도 제주 안에서 더 높아지기 시작했다. 특히 그즈음 하여,

교회를 섬기던 분이 제주도지사가 되었는데 이 일 덕분에 남편의 입지도 덩달아 올라가고 있었다.

그렇게 성장가도를 타고 있으니 이제는 여기서 눌러앉고만 싶었다. 한때는 얼마나 오래 제주에 있겠는가 싶었고 빨리 벗어나고 싶었지만, 이제는 부흥하는 교회를 바라보며 이대로만 살았으면 좋겠다고 느끼게 된 것이다. 그리고 여기서 떠난다는 것은 생각하지도 못했다. '여기가 좋사오니' 하면서 이대로만 있고 싶었다.

그런데 갑자기 무학교회로 옮길 기회가 주어졌다. 그러나 막상 그때는 갈등이 되었다. 역시나 주위 사람들도 다 말렸다. 특히 조금만 있으면 원로 목사가 될 수도 있는 시기인데 대체 왜 가냐고 했다. 그러나 기도의 어머니이신 어머님은 달랐다. 기도를 부탁하고 얼마 안 되었을 때 우시면서 전화를 걸어오셨다. 그러고는 가라고 하셨다. 그런데 계속 우셨다. 어머님은 그에 따를 고난의 여정을 이미 직감하셨던 것이다.

그렇게 무학교회로 옮겨 새로운 사역을 하게 되었다. 소위 말하는 '잘나가던 교회'를 두고 오는 것도 아쉬웠지만 그보다 더 힘들었던 것은 오랜 정이 들었던 성도들과 이별해야 한다는 사실이었다. 그렇게 몇 개월간 매일 울었다. 제주영락교회 성도들이 너무 보고 싶어서 계속 울었다. 이런 나를 보고 남편이 한마디 했다.

"당신이 나를 도와줘도 힘든데 울기만 하면 어떡하냐……."

그런 말을 듣는다고 해서 눈물이 멈춰질 수 있는 것은 아니었다. 하지만 하나님은 과거 교회에 매여 눈물만 흘리는 나를 두고만 보지 않으셨다. 내 꿈에 나타나셔서 아주 선명하고도 분명하게 두 번씩이나 말씀하셨다.

"경숙아, 내가 옮겼다. 경숙아, 내가 옮겼다. 너 거기 있다가 우상이 될까 봐 내가 옮겼다."

하나님은 '내가 너로 무학교회를 크게 하겠노라.' 하시며 여기로 옮기신 것이 아니었다. 그곳에 있으면 내가 우상이 될까 봐, 얼른 옮기신 것이다. 그렇게 하나님은 명확하게 말씀하셨다.

한편 그때 꿈속에서 나를 부르신 하나님의 음성은 아직도 또렷이 기억한다.

"경숙아, 경숙아!"

(내 이름 아시죠. 내 모든 생각도⋯⋯.)

어찌 내가
처녀에게 주목하랴

요즘 크리스천 중에는 '조금은 괜찮아.'라는 마음으로 부정적이고 음란한 것을 즐겨도 된다고 생각하기도 한다. 가령 영화 안의 한 장면 정도에 불과한데 보면 어떠냐고 여기곤 한다. 심지어 좋은 메시지를 담고 있는 영화기 때문에 그 정도는 별문제 안 된다고 말하기도 한다. 그러나 아무리 좋은 영화라도 그 안의 한 장면이 내 마음을 흩트리고 내 정신을 망가뜨릴 수 있다. 그것도 나 자신도 모른 채 말이다. 실제로 사탄은 그런 방식으로 교묘하게 우리를 공격하곤 한다. 좋은 문화라고 이름 한 콘텐츠 안에 살짝 문제가 되는 요소를 넣어 우리의 마음을 휘저어 놓는다고나 할까?

이와 관련하여 라이프처치의 크레이그 그로쉘 목사님은 더러운 것이라면 작은 것 하나라도 먹으면 안 된다고 말했다. 실제로, 먹는 것에서만큼은 작은 것 하나라도 조심해야 한다. 옷에 작은 얼룩이 묻는 것은 문제없지만, 먹는 것에는 아무리 작은 것이라도 지저분한 것이 떨어져서는 안 되기 때문이다. 그러면 아예 먹지 못하는 음식이 되고 만다. 맛있는 차에 아주 작은 벌레가 빠졌는데 '작은 벌레니 괜찮아.' 하면서 마실 수 있겠는가?

특히 자녀세대를 향해서는 이 부분을 더 철저하게 교육할 필요가 있다. 과거보다 지금의 문화가 더 타락했기 때문이다. 만약 방관하면 우리의 아이들은 자연스럽게 그 문화에 동화될 수 있다. 무학교회 문화부에서도 한 달에 한 번 좋은 영화를 보는 기회를 마련하곤 하는데, 이때 단한 장면이라도 문제가 될 만한 장면이 있다면 보지 말자고 권유하곤 한다. 대수롭지 않아 보이는 그 한 장면이 아이들에게는 상상 이상의 부정적인 파급력을 끼칠 수 있기 때문이다.

그러니 조심하고 또 조심하자. 우리의 이 시각은 하나님이 주신 너무나 소중한 선물이 아닌가? 왜 그것으로 헛되고 부정적이고 음란하고 탐욕스러운 것을 본단 말인가? 그럴 시간에 하나님을 한 번이라도 더 보자. 하나님 뵈옵기를 청하자. 하나님은 실제로 우리가 그렇게 고백해 주기를 너무나 기다리신다. 그리고 두 눈으로 바라봐 주기를 간절히 바라신다.

그리고 이와 관련해서 떠오르는 한 가지 재미난 이야기가 있다. 과거에 우리 가족은 월요일마다 음식점에 가서 즐거운 시간을 보내곤 했다. 그날 역시 한 음식점에 가서 남편, 아이들과 좋은 시간을 보내리라 믿어 의심치 않았다. 특히 그날 나는 남다른 코디까지 선보였다. 가슴이 많이 파인 옷이 그날 나의 패션 콘셉트였다. 다 남편에게 잘 보이려는 의도였다.

날씨도 좋고 패션까지 신경을 써서 그런지 기분이 유난히 좋았다. 그 좋은 기분을 안고 메뉴를 정하고 있는데 마주보고 있던 남편이 자꾸만 나를 안 쳐다보고 내 뒤를 보는 것이었다. 나는 특별히 옷도 신경 썼겠다, 나를 봐주길 바랐는데 자꾸만 내 뒤쪽을 보는 남편의 태도가 못내 섭섭했다. 아니 이상하기도 했고 언짢기도 했다. 도대체 뒤에 뭐가 있기에 그러는가 싶어 뒤를 돌아보니, 내 뒤에는 야한 사진이 붙어 있었다. 식당에 가보면 종종 붙어 있는 그런 사진이었다.

남편이 내가 아닌 사진 속의 여자를 보고 있었던 것은 '있을 수도 없고 있어서도 안 되는 일'이었다. 나는 얼른 메뉴판을 탁자에 딱 놓으면서 일침을 날렸다.

"당신 왜 나 안 쳐다보고 저 여자 봐?"

남편은 안 봤다고 했지만 나는 그냥 넘어갈 수 없었다. 정확하게 본 것을 두 번이나 봤기 때문에 당당하게 따졌다. 절대 참을 수 없었다. 조금 전까지만 해도 따뜻했던 가족 모임 분위기가 살벌해졌다. 도저히 냉랭한 분위기로 밥을 먹을 수 없어 일단 아이들에게 미안하다고 하면서 나왔다. 물론 식당 주인께도 정중하게 사과했다.

식당에서 나온 후, 남편은 잘못했다며 사과를 했다. 나에게도, 아이들에게도. 진심 어린 사과를 듣고 나도 진심으로 당부를 했다.

"당신, 나는 그런 거 너무 싫어. 그런 거 보는 눈은 눈이 아니야. 눈깔이야."

그러고 난 후, 우리 가족은 다른 곳으로 가서 맛있게 식사를 하며 즐겁게 그날을 마무리했다. 물론 그 이후로 이런 일은 다시 없었다. 남편은 그날부터 조심하고 또 조심했다.

문득 이 말씀이 떠오른다. 이 말씀은 구약의 산상수훈이라고 배웠던 특별한 본문이기도 하다.

내가 내 눈과 약속하였나니 어찌 처녀에게 주목하랴 그리하면 위에 계신 하나님께서 내리시는 분깃이 무엇이겠으며 높은 곳의 전능자께서 주시는 기업이 무엇이겠느냐(욥 31:1-2)

PART 2

하나님과의
설레는 데이트

얼룩은 얼룩을 지우는 전문가에게 맡겨야 한다

나의 서러움을 나보다 더 잘 아시는 분!

1m 앞에 계시는 하나님

하나님은 사랑하는 자녀가 두려워하는 것을 못 보신다

진짜 두려워할 분을 두려워하면 두려움이 사라진다

섬세하신 하나님은 섬세하게 터치하신다

사모, 상처의 대가이신 예수님과 제일 친해지자

하나님은 다 보고 계시고 다 알고 계신다

하나님은 내 뒤에서 기대 그 이상의 선물을 준비해 놓고 계신다

큰 은혜 받은 후에 오는 큰 시험

하나님은 내 모든 것을 다해 경배해야 할 분이지만
동시에 나와 가장 뜨거운 사랑을 나눌 수 있는 분이다.
하나님으로 인해 나는 그 어떤 순간에도 사랑을 느낄 수가 있고
하나님으로 인해 나는 그 어떤 사람에게도 사랑을 베풀 수 있다.
Part 2에서는 사랑의 원천이신 하나님에 대해,
그리고 하나님과의 특별한 데이트에 대해 소개한다.

얼룩은 얼룩을 지우는
전문가에게
맡겨야 한다

현재 4년째 마더와이즈 사역을 하고 있다. 세상에서 가장 위대한 사명을 감당하는 어머니들에게 가장 위대한 양육 지침서인 성경에 입각하여 마더와이즈 교육을 진행하고 있다. 이렇게 교육도 하고 나눔도 가질 수 있다는 것은 하나님이 열어 주신 특별한 기회가 아닐까 생각한다. 실제로 나 역시 마더와이즈를 진행하면서 가르치기도 하지만, 그 가운데서 많은 것을 배우고 깨닫는다. 살아 계신 하나님의 말씀에 근거한 교육인 만큼 깨달음을 주는 말씀들은 다함이 없다.

하루는 마더와이즈의 저자, 드니스 글랜의 이야기를 보고 많은 것을 느꼈던 적이 있다. 드니스 글랜은 한때 딸과 사이가 심하게 틀어졌다고 한다. 사실 엄마와 딸의 관계가 틀어진 것처럼 슬프고 안타까운 일도 없을 것이다. 고부간의 갈등과는 비교도 할 수 없는 것이 피를 나눈 모녀간의 갈등이 아닐까? 그런데 바로 드니스 글랜에게 그런 시련이 찾아왔다.

그 이유는 딸이 자신(드니스 글랜)의 마음에 들지 않는 남자와 결혼을 하려고 했다는 것이다. 딸은 공부를 잘하는 나름의 엘리트 여성이었다. 그런데 남편이 될 사람은 밴드를 하는 사람이었는데, 드니스 글랜의 눈에는 아마도 그의 미래가 불투명해 보였던 모양이다. 그렇게 딸의 결혼 문제를 두고 두 사람은 심하게 틀어졌다.

그런데 하루는 하나님이 그녀를 부르셨다. 그리고 부엌으로 나오라고 하셨다. 뜬금없는 일이었다. 하실 말씀이 있으면 그 자리에서 하시면 되지, 굳이 부엌으로 나오라고 하시는 것은 왜일까?

하나님은 계속 예상치 못한 명령을 하셨다. 나이프, 접시, 스푼 등을 꺼내 식탁을 차리라고 하시면서⋯⋯. 당황스러웠지만 일단 다 따랐다. 시키시는 대로 다 차렸다. 그때 하나님은 말씀하셨다. 그 포크를 딸에게 주라고. 그러고는 딸이 자기가 원하는 것을 알아서 먹게 하라고. 드니스 글랜은 이렇게 물었다.

"딸이 잘못 선택하면 어떡하죠? 그럼 너무 안타까운 일이잖아요?"

"그리고 또 흘리면 어떡하나요?"

그러나 하나님은 이렇게 말씀하셨다.

"얼룩 지우는 전문가는 나다."

그렇다. 얼룩을 지우시는 전문가는 하나님인데 우리는 자녀의 얼룩을 직접 지워 주려고 한다. 그리고 얼룩 지우는 것이 어렵기 때문에, 얼룩 자체가 안 묻게 하려고 전전긍긍한다. 깨끗하고 예쁜 옷에 행여 더러운 것이 묻을까 봐 걱정하면서 자녀가 포크를 잡는 것도 못하게 한다. 그렇게 대신 다 잡아 주고 먹여 주면 아무 문제없을 거라고 자신하기까지 한다. 그러나 말처럼 쉬운 일일까? 내가 아무리 노력한다고 해도 불가항력적인 일이 벌어져 옷이 더러워질 수 있다. 길 가다가 넘어질 수도 있고 혹은 흙탕물이 튀어 지저분해질 수도 있다. 그러니 이 모든 것은 내가 걱정할 일이 아니다. 자녀에게 맡기면 된다. 문제가 생겨도 뒤처리는 하나님이 하신다.

그리고 얼룩이 생기는 것에 그치지 않고 심한 상처가 생겼다고 해도 걱정 없다. 하나님은 그 상처조차도 쓰신다. 앞에서 언급했던 것처럼 잘못된 선택이라 할지라도 하나님은 그 선택에 함께해 주지 않으시겠는가? 정말이지 하나님은 나의 하나님만이 아니라, 내 자녀의 하나님이기도 하시다.

나 역시도 그런 얼룩을 지우는 약이 나에게 있다고 착각했던 적이 있었다. 그러기에 내가 더 개입하려고 했던 적도 있었고 쓸데없는 걱정을 하기도 했다. 그런데 드니스 글랜의 일화를 보면서 얼룩을 지우는 약은 하나님께만 있고 하나님만이 그것을 지우는 전문가이심을 인정하게 되었다(나에게도 그런 약이 있는 것 같지만, 완벽하게 지우는 전용 약은 하나님밖에 없음을 확신하게 된 것이다).

물론 앞으로 나 역시도 이런 실수를 반복하게 될지 모른다. 하지만 그때마다 이 이야기를 떠올린다면 내 자리, 내 위치를 다시 찾을 수 있을 것 같다. 그리고 얼룩 때문에 괜한 걱정을 하느라 시간 낭비를 하지도 않게 될 것 같다.

나의 서러움을
나보다 더
잘 아시는 분!

제주영락교회에서 사역할 때의 일이다. 나에게는 손톱, 발톱을 파고
드는 증상이 원래부터 있었는데 하루는 손톱을 뜯어내다 염증이 생겼다.
염증이 생긴 이상, 혼자서 해결할 수가 없어 어쩔 수 없이 병원에 갔는데
의료보험이 안 되어서 돈이 많이 든다는 것이 아닌가? 다행히도 교회에
의사 선생님이 많아서 한 분께 치료를 받을 수 있었다.

그런데 치료를 받았지만 빨리 낫지를 않았다. 그도 그럴 수밖에 없는 것
이, 치료를 받았으면 물을 최대한 묻히지 말아야 하는데 어디 그게 쉬운
일이겠는가? 당시 나는 아이를 키우는 입장이라 물을 안 묻히는 것은 불
가능했다. 결국 차도가 나타나지 않자 그 의사 선생님은 이렇게 말했다.

"사모님, 사정 봐주니까 빨리 안 낫네!"

농담 삼아 하신 말이거나 앞으로 잘 관리해 보자는 격려 차원의 말이었다면 그냥 웃으며 넘길 수도 있었지만, 당시 그 말의 뉘앙스는 그런 게 아니었다. 그래서 더 아팠다. 아프다 못해 모욕감이 들었다. 그때만큼은 손톱보다 마음이 더 아팠다.

집에 오자마자 울음이 나왔다. 그냥 서러웠다. 그래도 낫긴 나아야 하기 때문에 어쩔 수 없이 병원에 다녔고 나중에서야 회복이 되었다. 하지만 그때의 서러움은 회복이 되지 않았다. 얼룩을 지우는 분은 하나님뿐이시기에, 내 힘으로는 회복이 되지 않았다.

그리고 얼마 후, 갑자기 마음이 무너지는 일이 또 생겼다. 발톱에도 비슷한 염증이 생긴 것이다. 다시는 그 병원에 가고 싶지 않아 조심했는데, 이번엔 발톱에 염증이 생기다니……. 돈은 없어서 다른 데는 못 가고 그 선생님한테는 가기는 싫고……. 가고 싶지 않은 곳에 또 가야 하는 상황에서 나는 일단 하나님께 매달렸다. 발톱 잡고 울면서 기도했다.

"하나님, 그 집사님한테 가기 싫어요."

실컷 울면서 기도했다. 그렇다고 돈도 없는데 다른 병원에 갈 수도 없는 노릇이었다. 그리고 아침에 일어났다.

그런데……. 염증이 사라졌다. 이것은 신유의 역사 그 이상의 일이었다. 하나님이 내 서러움에 얼마나 적극적으로 반응하시는지를 제대로 깨달은 사건이었다.

사실 누군가는 내가 서러워 울 때 이렇게 말할 수 있다.

"그래도 아프면 가서 치료받아야지. 더 비싼 치료비 안 내고 치료 받을 수 있으면 감사해야 하는 것 아니야?"

"그 말 한마디 가지고 왜 그렇게 민감하게 반응하냐?"

하긴 그게 맞는 말일 수도 있다. 교회 안에 의사분이 계셔서 그런 기회를 얻은 것만으로도 감사해야 할 수 있다. 또한 그냥 별거 아닌 말로 생각하며 넘겨야 하는 게 맞을 수도 있다.

그러나 하나님은 감사를 중요하게 여기시는 분임에도 불구하고 그 상황에서 나의 서러움에 더 주목하셨다. 감사하기는커녕 왜 불평하느냐고 나무라지도 않으셨고, 왜 말 한마디에 예민하게 반응하느냐고 다그치지도 않으셨다. 하나님은 내가 얼마나 그때 모욕감을 느꼈는지, 내가 왜 그럴 수밖에 없었는지 너무나 잘 아셨기 때문이다. 나보다도 더 잘 아실 정도였으니……

그러기에 나의 간절함을 보시고 일단 치료부터 해주셨던 것이다. 아이가 심하게 아프면 모든 일을 제쳐 둔 채 아이를 둘러업고 병원으로 뛰어가는 부모처럼……. 나는 그때 하나님이 어떤 분이신지 또다시 느꼈다. 나를 얼마나 사랑하시는지도 분명히 깨달았다.

그 이후, 하나님이 나를 어떻게 생각하시는지 깨닫고 나자 삶의 방식도 변해 갔다. 아이가 아파도 기도하면 바로 낫는 일이 계속하여 일어났다. 물론 하나님의 더 높은 뜻이 있을 때에는 바로 치유되지 않을 수도 있지만, 그런 특수한 상황이 아니고서는 다 반응해 주셨다. 그렇게 하나님은 나의 아픔을 그냥 두고만 보지 않으셨다.

1m 앞에
계시는 하나님

진우와 진석이가 각각 6살, 5살 때의 일이다. 아주 어릴 때는 그래도 품에 끼고 지내기 때문에 걱정이 덜 되지만 본격적으로 교육기관에 보내면서부터는 걱정이 이만저만이 아니다. 아무리 유치원 선생님들이 잘 보살펴 주신다고는 하지만 아이의 실수 등으로 이런, 저런 사고가 날 수 있기 때문이다. 그래서 두 아이를 유치원에 보내면서부터 아이가 다치지는 않을지, 갑자기 아프면 어쩌나 늘 염려가 되곤 했다.

그런데 그 염려를 떨칠 수 있었던 것은 엄마보다 강한 하나님이 계심을 알았기 때문이다. 엄마는 강하다는 말을 하지만, 하나님은 엄마보다 더 강하시다. 그래서 참 든든한 것이다. 엄마가 혹여 챙기지 못하는 부분도, 엄마가 곁에서 해줄 수 없는 부분도 하나님은 다 해주시기 때문이다. 나는 이런 것을 나만 알고 있는 것이 아니라, 아이들도 알아야 한다고 생각했다. 아직 5살, 6살밖에 안 된 아이들이지만 가르치고 싶었다.

하루는 아이들을 불러 이렇게 말했다.

"진우야, 진석아. 너희가 유치원 가서 다쳤을 때 엄마가 아무리 빨리 가도 30분이 더 걸려. 그런데 하나님은 너희들 안에 계시거든. 그러니까 '주여! 주여!' 하면 금방 도와주셔."

아이들도 알아듣는 듯했다.

물론 여기에 곁들여서 한 가지를 더 이야기했다.

"하나님이 너희 안에 계시고 너희와 가장 가까이 계시기 때문에 나쁜 짓 하거나 거짓말하면 다 아셔. 엄마는 속여도 하나님은 못 속여. 알았지?"

사실 이 두 가지 내용이 담긴 진리 2종 세트는 내가 하나님을 만나고 하나님과 하나가 되었을 때 깨달은 것이기도 하다. 하나님이 불꽃같은 눈으로 보시기 때문에 안전할 수 있다는 것, 하나님이 불꽃같은 눈으로 보시기 때문에 죄짓기 어렵다는 것, 이 두 가지만 잘 붙들어도 우리의 삶은 영육 간에 행복으로 채워질 것이다.

특히나 요즘은 언제 어떤 일이 터질지 몰라 불안감이 더 극대화되고 있다. 2001년 9월 11일, 미국의 쌍둥이 빌딩이 무너질 것이라고 누가 상상이나 했단 말인가? 그 어떤 것보다도 강하고 안전하리라 생각했던 미국의 도심에서 그런 일이 벌어졌다. 그것을 보면서 더 느꼈다. 유일한 안

전지대는 하나님 품뿐이라는 것을……. 그리고 그 품에 우리가 있기에 더 행복할 수 있고 더 바르게 살 수 있다는 것을…….

1m 앞에 계시는 하나님!

하나님은
사랑하는 자녀가
두려워하는 것을
못 보신다

학창 시절, 친하게 지내던 한 친구가 있었다. 그 친구는 모태신앙으로 찬송도 잘 부르고 공부도 참 잘했다. 그러다가 대학교 졸업 후에 교편을 잡게 되었는데, 동생들을 결혼시키느라 자기 결혼에는 좀처럼 신경을 쓰지 않았다. 그러다 35살에야 결혼을 하게 되었는데, 요즘 같으면 늦은 나이가 아니지만 그때는 꽤 파격적인 일이었다. 그런데 늦은 결혼이래도 킹카를 만났다. 그렇게 늦었지만 행복한 신혼을 맞이했고 10년을 아주 재미있게 알콩달콩 살았다. 그리고 늦게 아기를 가졌는데 한번에 예쁜 딸이 둘이나 생겼다.

"하나님, 아기가 늦었는데 이왕 주시려면 한번에 세트로 주세요."라고 기도했더니 정말 쌍둥이를 얻은 것이다. 그러나 행복만 남을 줄 알았던 그들 가운데 폭풍이 몰아닥쳤다. 이전의 시련과는 비교할 수 없는 시련이었다. 남편이 암에 걸려 천국에 간 것이다.

그렇게 고통의 순간이 찾아오고 1년이 지났을 때, 나는 1주기 추도예배에 참석했다. 사실 그때 발을 삐긋한 상태라 붕대를 감고 있었는데, 워낙 친했던 친구인데다가 위로가 필요한 상황이었기 때문에 무조건 참석했다. 그런데 예배가 끝나고 산소를 가겠다는 것이었다. 나는 친구가 혼자 가게 할 수 없었다. 발이 아팠지만 일단 같이 가자고 했다.

그때는 추운 겨울이었다. 눈이 곳곳에 쌓여 있던 그런 겨울, 나는 친구의 차를 타고 파주에 있는 새문안동산으로 향했다. 그런데 친구가 갑자기 차를 너무 빨리 모는 것이 아닌가? 뭔가 불안하긴 했지만 그래도 괜찮겠거니 싶었다. 하지만 언덕에 이르는 순간 미끄러지는 듯했다. 순간 한마디가 딱 나왔다.

"주여."

그리고 정신을 잃었다. 정말 신기한 게, 정신을 잃기 전 0.5초 동안 갖가지 생각이 떠올랐다는 것이다. 첫 번째 떠오른 생각은 '아, 내가 천국을 혜선이랑 가네요. 늘 천국에도 남편과 함께 가자고 했었는데…….'였다. 두 번째로 떠오른 생각은 '그래도 좀 체면이 서네요.'였다. 그 와중에 다행이다 싶었던 것이다. 내가 혹시라도 불륜남이랑 차를 타고 가다 사고 나면 뭔 망신이란 말인가? 그런데 친구를 위로해 주러 가다 사고가 나면, 꽤 괜찮을 거라 생각했다. 세 번째로 떠오른 생각은 남편과 아들들에 대한 생각이었다. 아직 내가 할 일들이 남아 있는데 그 당시에 큰아들은 스무 살, 작은아들은 열아홉 살이었다.

얼마만큼 시간이 지났는지는 모른다. 나도 모르게 눈이 떠졌다. 천국이겠거니 싶었는데 천국 같지 않았다. 친구가 '괜찮냐'고 물었다. 뭔가 이상해서 보니 내가 거꾸로 매달려 있었다. 차가 도랑에 빠져 전복되었던 것이다. 그나마 안전벨트를 매고 있어서 불상사가 일어나지 않았고 거꾸로 매달린 채로 잠시 정신을 잃었었나 보다. 친구도 나도 안전벨트를 빼고 '쿵' 하고 떨어졌다. 그러고는 119를 불러서 유리창을 깨고 기어 나왔다.

바로 2001년 1월 24일의 일이다. 내가 이날을 정확하게 기억하는 이유가 있다. 바로 그날 큐티 말씀 때문이다.

그날 큐티 말씀은 출애굽기 19장 4절 말씀이었다.

내가 애굽 사람에게 어떻게 행하였음과 내가 어떻게 독수리 날개로 너희를 업어 내게로 인도하였음을 너희가 보았느니라

이 말씀을 보는데 그냥 눈물이 흘렀다.

"독수리 날개로 너희를 업어……."

"내게로 인도하였음을 너희가 보았느니라."

보통 창세기부터 시작하여 순서대로 큐티를 하는데, 1월이다 보니 출애굽기 큐티를 하고 있었던 것이다. 그런데 그 말씀이 그날 그 상황과 정

확하게 일치했다니! 그리고 오래전 이스라엘 백성에게 임했던 역사가 나에게 그대로 재현되었다니! 막 울었다. 그냥 펑펑 울었다. 놀라우신 하나님의 기적 앞에서 울지 않을 수 없었고 내가 그 주인공이 되었다는 것에 더 크게 울 수밖에 없었다. 그때 하나님이 이렇게 말씀하셨다.

"경숙아. 나는 네 머리털 하나도 상하게 안 해."

사실 그전까지 나에게는 두려움이 늘 잔존해 있었다. 특히 코스타 강의를 위해 비행기를 탔을 때 흔들리면 유난히 겁에 질리곤 했다. 그런데 그날 이후로는 겁이 나지 않았다. 말씀 한 구절이 나를 담대하게 만든 것이다. 나의 사명 다하는 날, 나를 데려가실 거라는 확신이 생겼다. 이제는 행여 비행기가 심하게 흔들려도 겁내지 않는다. '남편이랑 천국 같이 가네.' 하며 둘이 손을 더 꼭 잡는다. 나를 잡아 준 그 말씀과 사명에 대한 생각이 그 모든 두려움을 사라지게 만든 것이다.

특히 요즘에는 'God is good, all the time'이라는 찬양 가사가 더 강력하게 와 닿는다. 언제나 좋으신 하나님이 계신다는 것은 우리의 두려움을 떨치게 해주는 것이다. 하나님이 틈틈이 좋으신 분이면 두려워할 여지가 생기지만, 항상 좋으시니 우리가 두려울 여지조차 남지 않는 것이다. 좋으신 분은 자녀의 두려움을 방관하지 못하실 테니 말이다.

한편 그다음부터 나는 큐티를 더 열심히 할 수밖에 없었다. 이런 체험을 하고 났으니 큐티의 매력에 완전히 빠진 셈이다. 그리고 지금도 적재적소에서 보여 주시는 말씀 덕분에 하나님과 보다 진하게 데이트를 즐긴다. 이것은 누려 보지 못한 사람은 모른다.

—

진짜 두려워할 분을
두려워하면
두려움이 사라진다

—

　출애굽기 19장 4절을 큐티하면서 나는 두려움이 없어졌다(물론 완전히 없어졌다는 것은 아니고 거의……). 말씀이 내 안에 거하는 이상, 두려움은 앞으로도 갖고 싶지 않은 감정이 되었다. 그런데 두려움에도 사실상 여러 종류가 있다. 2001년에 있었던 차 사고처럼 '두려운 상황에 대한 두려움'이 있는가 하면 이와 달리 '사람에 대한 두려움'이 있다. 이 두 가지가 차이를 갖기 때문에 두 가지 두려움을 벗어나는 방법 역시 조금 차이가 있었던 것 같다. 그래서 앞에서는 어떤 상황에 대한 두려움에서 벗어나게 된 계기를 언급했다면 여기서는 사람에 대한 두려움에서 벗어나게 되었던 계기에 대해 말하고 싶다.

솔직히 나는 사람에 대해 꽤 많은 두려움을 가지고 있었다. 원래 당당한 성격이었지만, 사모라는 자리에 있는 이상 두려워할 수밖에 없는 상황이 따르기 때문이다. 사모라는 이유로 남들과 동일하지 않은 시선을 받아야 할 때도 있었고, 듣지 않아도 될 것 같은 말을 들어야 할 때도 있었다. 그래서 두려웠다. 내가 사람을 그렇게 두려워하는 스타일이 아닌데도 두려웠다. 말 한마디 잘못하면 어쩌나 걱정되기도 했고, 나의 사소한 행동 하나가 구설수에 오르지는 않을지 염려되곤 했다. 그리고 그런 경험이 반복되면, 어떤 일이 벌어지지 않았는데도 으레 겁부터 먹게 되었다. 교회의 누군가가 나를 공격할 것만 같고 어떻게 할 것만 같았다.

그런 내가 사람에 대한 두려움에서 어떻게 벗어날 수 있었을까? 앞의 내용과 원리는 똑같았다. 바로 '말씀'이었다. 하나님의 말씀은 '무서울 법한 상황'에 대한 두려움만이 아니라, '사람'에 대한 두려움까지 앗아가 버렸다.

특히 이 두려움에서 벗어나게 된 계기를 제공해 주신 분은 질 브리스코 사모님이었다. 몇 해 전 선교한국 강사로도 오셨던 그 사모님은 내가 롤모델로 생각하는 분이다. 아마 나 외의 다른 분들도 그분을 통해 많은 도전을 받았으리라 생각한다.

그런데 그분 역시 이전에는 두려움이 많다고 했다. 특히 사람에 대한 두려움이……. 그랬던 사모님이 두려움을 극복하게 된 비결은 이러했다.

"진짜 두려워할 사람을 두려워하면 다른 두려움이 없어진다."

실제로 더 큰 두려움이 다가오면 그보다 덜한 사소한 두려움은 대수롭지 않게 여겨진다. 혹은 누군가를 두려워하고 있다 해도, 그보다 더 두려운 사람이 나타나면 이전 사람에 대한 두려움은 사라진다.

나 역시 이 원리로 사람에 대한 두려움을 극복해 나가기 시작했다. 사실 인생에서 가장 큰 스트레스가 대인 관계에서 비롯되는 만큼, 사람에 대한 두려움은 그 어떤 두려움보다 클 수 있다. 특정 상황에 대한 두려움은 그 순간에만 두려움을 느끼게 하지만(비행기를 두려워하는 사람은 비행기를 타고 있는 동안에만 두려움을 느끼는 것처럼) 사람에 대한 두려움은 그 사람이 내 앞에 없는 상황에서도 지속적으로 부정적으로 영향을 미치기 때문이다. 그가 했던 말, 표정들 때문에 지속적으로 스트레스를 받거나 염려를 해야 할 수 있다. 그만큼 그 어떤 두려움보다 내 삶을 더 고되게 만든다. 그러기에 사실 나도 이 두려움을 극복하는 것은 어려울 것이라고만 생각했다. 내가 사모의 자리를 떠나지 않는 이상은 늘 안고 살아야 하는 것으로 여길 정도였다.

그러나 '진짜 두려워할 사람을 두려워하면 된다.'는 지극히 단순한 원리 하나가 내 삶을 자유롭게 했다. 사람에 대한 두려움으로부터 나를 해방시켜 주었다. 여기에 말씀까지 뒷받침되니 두려움으로부터의 자유는 더 확고하게 내 안에 자리 잡았다. "사람을 두려워하면 올무에 걸리게 되거니와 여호와를 의지하는 자는 안전하리라"(잠 29:25)는 그 말씀이 사람 앞에서 떨던 나를 더 이상 떨지 않도록 감싸 주었다. 그냥 떨지 않게 해주는 것이 아니라, 세상이 줄 수 없는 안정감을 느낄 수 있게 해주었다.

이후로, 분명한 변화가 뒤따르기 시작했다. 그 말씀이 나를 자유롭게 하자, 나를 어떻게 할 것만 같았던 사람들이 더 이상 두려움의 대상으로 보이지 않았다. 괜히 무서웠던 분도, 괜히 경계하게 되었던 분도 다르게 보였다. 특히 나도 하나님의 자녀, 그분들도 하나님의 자녀라면 그분들과 나는 형제, 자매가 아니란 말인가? 바꿔 말하면 저분은 내 오빠뻘, 저분은 내 언니뻘이다.

그리고 하나님과도 보다 더 성숙한 대화를 할 수 있게 되었다. 이전에 누군가가 힘들게 하면 울면서 답답함만 호소했는데, 이제는 하나님께 하소연하다가도 좀 지나고 나면 여유를 가지고 이렇게 말씀드린다.

"하나님, 저 사람 몰라서 그러는 거겠죠? 그렇죠?"

이렇게 몰라서 그런다고 생각하니 오히려 그분들을 긍휼히 바라볼 수 있게 되었다.

또한 마음이 담대해지니 말과 행동도 담대해졌다. 하루는 사무실에서 어느 장로님과 얘기하다가 또 다시 두려움을 느낄 만한 상황이 되었다. 그때 조용하게 말씀드렸다.

"장로님, 저는 장로님보다 하나님을 더 무서워하는 사람이에요."

물론 장로님의 말씀도 최대한 존중하며 신경 써서 잘 들어야 한다. 그러나 적어도 하나님보다 더 눈치 볼 필요는 없다. 그 순간, 그분 역시 아무 말도 더 잇지 못했다.

이전까지는 당장 내 눈 앞에 보이는 사람들이 거대하게 보였을지 몰라도 이제는 그렇지 않다. 가장 거대하고 가장 두려우신 분을 신경 쓰느라 사람들 눈치를 보며 사람들에 대해 두려워할 이유가 없어졌다. 가장 두려워하는 분을 두려워함으로 쓸데없는 두려움에서 벗어난다는 것, 즉 두려움을 통해 두려움을 극복한다는 역설은 그렇게 나에게 또 다른 자유를 안겨 주었다.

섬세하신 하나님은
섬세하게 터치하신다

　손이나 발이 다치면 정형외과에 가고 목이 부으면 이비인후과에 가는 것처럼, 아프면 그 아픈 부위 및 증상에 맞는 병원을 찾아야 한다. 그런데 목이면 목, 눈이면 눈처럼 분명하게 어디를 가야 할지 아는 경우도 있지만, 어느 과를 찾아야 하는지 애매할 때도 종종 있다.

　그런데 우리는 육체적인 아픔과 상처만이 아니라, 마음으로도 깊은 상처를 입기도 하고 뼈저린 아픔을 경험하곤 한다. 이때 역시 어떻게 이 상처를 다스릴지 몰라 고민한다. 마치 어떤 병원을 찾아야 할지 혼동하는 것처럼, 무엇을 어떻게 해야 할지 몰라 그대로 상처를 방치해 두기도 한다.

그런데 나는 상처를 치유하시고 얼룩 지우는 전문가이신 하나님이 계신 이상, 그런 고민은 더 할 필요가 없음을 알게 되었다. 어떤 상처 때문에 힘들어할 때, 하나님은 너무나 섬세하고 밀접하게 관련된 것으로 그 상처를 회복시키신다. A 때문에 상처를 입었으면 A를 통해 치유를 하시고, B 때문에 아프게 되었다면 B를 가지고 회복을 시켜 주신다. 그 인도하심은 정말 기가 막히다. 하나님이 그토록 섬세하실 줄이야.

나는 원래 인사를 잘한다. 그래서 예배가 끝나고 나면 얼른 나가 성도님들과 악수를 하며 인사를 나눈다. 참고로 나는 주일 2부 8시 예배, 3부 9시 반 예배, 4부 11시 반 예배 중 한 번은 본당에서, 나머지는 방에서 드리면서 어느 것이 좋았는지 살피며 홈페이지에 영상을 올린다. 그런데 어디서 드리든, 끝나면 나와서 항상 인사한다. 물론 이 악수 인사가 의무는 아니다. 실제로 다 악수할 수도 없다. 어쨌든 내게 오시는 분들과는 무조건 악수한다.

신기하게도 오시는 분들 중에는 할머니 성도님들이 참 많다. 그래서 왠지 악수할 때마다 그분들의 손에 있던 따스함이 잘 전달되곤 한다. 그때마다 너무나 감사드린다. 그리고 너무 좋다. 오히려 내가 그분들 덕에 힘을 얻게 되니 말이다.

그런데 유난히도 따뜻함을 더 많이 느꼈던 적이 한 번 있었다. 어떤 명예 권사님이 한번은 내 손을 잡으시면서 이렇게 말씀해 주셨다.

"저는 이렇게 사모님처럼 인사해 주는 사람 처음 봤어요. 목사님 설교가 아무리 좋아도 손 안 잡고 가면 너무 허전해요."

나는 울었다. 남들이 보면 어떻게 생각할지 모르겠지만 왈칵 눈물이 났다. 유난히도 더 따스했던 그 권사님의 손에서 하나님의 위로하심을 느꼈다.

사실 내가 그때 울 수밖에 없었던 이유가 있다. 이 일이 있기 바로 전 주에, 어떤 분이 나에게 이런 조언을 했다. 물론 조언이라고 하기에는 너무나 상처가 되고 아픔이 되는 말이었지만.

"사모님, 왜 다 악수해요? 손도 안 아파요?"

걱정인 듯 걱정 아닌 그런 말이었다. 걱정하는 대사이지만, 말투에서는 걱정하는 마음이 전혀 담겨 있지 않은……. 그런 걸 굳이 왜 하냐는, 비아냥거림이 가득한 말투였다. 더 솔직히 말하면, 왜 이렇게 나서느냐는 핀잔의 메시지였다. 그때 나는 억울하기도 했다. 내가 전면에 나서서 성도님들과 마주하는 것도 아니고 뒤쪽에서 오시는 분들과 짧은 교제를 하는 것인데……. 하지만 억울한 것은 뒷전이고, 성도님이 그런 말을 했으니 내가 신경을 안 쓸 수가 없었다. 이제 악수를 더 하지 말아야겠구나 싶기도 했다.

그런데 바로 이 일이 일어나고 난 후, 그 주간에 권사님의 위로 사건이 터진 것이다. 그러니 눈물이 더 날 수밖에 없었다. 하나님이 그 권사님을 통해 나를 위로하신다는 사실이 너무나 분명하게 느껴졌다. 특히 권사님의 격려를 들으며, 그 속에서 "너 하던 대로 계속 해!"라고 속삭이시는 하나님의 메시지도 함께 들을 수 있었다.

무엇보다 악수에 대한 말 때문에 상처를 받고 낙심해 있었는데, 악수에 대한 격려로 회복을 시켜 주시다니! 정말이지 하나님이 머리카락까지 세신다는 것은 조금도 부정할 수 없는 사실이었다. 그만큼 하나님은 섬세하셨다. 어떤 것 때문에 상처를 받으셨는지 다 아시고 그것을 가지고 상처를 회복시켜 주신다. 그래서 더 회복이 빠를 수밖에 없다. 결국 그 이후로도 나는 열심히 악수를 하고 있다. 물론 앞으로는 더 열심히 할 것이다(2년밖에 남지 않았기 때문에……).

아마 이런 경험을 해본 사람이라면, 내 삶에 실재하시는 하나님을 더욱 절실히 느끼게 될 것이다.

사모,
상처의 대가이신
예수님과 제일 친해지자

교회라는 공동체는 세상에 있는 다른 공동체와는 조금 다르다. 세상에 있는 공동체는 나와 비슷한 사람들, 목적이 같은 사람들이 모여 형성된다. 가령 직장 공동체의 경우, 같은 분야에서 일하는 종사자들이 모여 있는 만큼 특정 능력이나 일하는 성격이 조금 비슷한 사람들이 모이게 된다. 또한 대학교 학과 공동체의 경우, 비전이나 관심사가 비슷한 사람들이 모이기 쉽다. 그 밖에도 다양한 친목 모임 역시 비슷한 무엇인가를 공유한 사람들끼리 모여 형성되곤 한다. 그러다 보니, 성향이나 취향은 물론 라이프스타일도 어느 정도 일치하기 쉽다.

그런데 교회는 그런 공통요소가 없다. 신앙적인 요소를 제외하고는 각기 다 다르다. 관심사도 서로 다르고, 성향이나 색깔도 다 다르고, 라이프스타일도 천차만별이다. 그러다 보니 교회란 곳은 얼핏 따뜻한 곳처럼 보이기도 하지만, 좀 더 깊이 보게 되면 더 많은 갈등으로 얼룩져 있다. 너무나 다른 사람들이다 보니 좋을 때는 한없이 좋지만, 말이 통하지 않을 때는 서로가 답답해하기도 하고, 이런저런 말로 상처를 주기도 한다. 이처럼 너무나 다른 사람들이 한곳에 모여 있다 보니, 더 부딪힐 일도 많아지는 것이다.

문제는 이러한 교회의 성격상, 그 누구보다도 힘들어할 수밖에 없는 자리가 있는데 바로 사모의 자리다. 사모의 자리에 있으면 피하고 싶어도 피할 수 없는 것들이 많다. 다른 곳에서는 나에게 상처를 주거나 나와 안 맞는 사람들이 있을 때 피하면 그만이지만 여기서는 그럴 수 없다. 다 참고 다 인내하며 받아 주어야 한다. 아프고 서러워도 그것을 그대로 드러낼 수도 없다. 하나님의 도우심을 구하며 지혜롭게 관계를 이끌어 나간다고 하지만 그 지혜의 방패마저도 뚫고 들어오는 사람들이 있다. 특히 다른 곳에서는 내가 노력하고 최선을 다한 만큼 그에 따르는 대우를 받게 되는데 사모의 자리에서는 그것이 통하지 않는다. 내가 아무리 정성을 다해도 공격과 시비를 받을 수 있다. 그렇다고 학교나 회사와 같은 공동체처럼 교회에 나오지 말라고 할 수도 없다. 실제로 그 다양성을 가진 사람들을 다 끌어안기 위해 예수님이 만드신 곳이 교회다. 그러기에 힘들어도 어쩔 수 없다.

그런데 이런 상처와 아픔을 어떻게 극복해야 할까? 사모 자리를 내려놓고 나갈 수도 없는데……. 중요한 비결이 한 가지 있다. 처지가 비슷한 사람들끼리 모이면 그나마 위로가 된다. 그래서 아마도 처지가 비슷한 사모들끼리 모이면 그나마 위안이 될 것이다. 하지만 그것에도 한계가 있다. 상황이 저마다 다른 만큼, 사모들끼리 모인다고 다 해결되는 것도 아니다. 특히 만나고 싶다고 언제든지 만나거나 모일 수 있는 것도 아니다.

그렇다면 누구를 만나야 할까? 처지가 가장 비슷한 분, 예수님을 만나면 된다. 예수님이야말로 상처의 대가가 아니던가? 예전에 정태기 목사님이 하신 말씀이 떠오른다. 목사님은 가장 팔자 센 사람은 예수님이라고 소개한 적이 있다. 예수님은 사생아 출신에, 제자의 배반으로 다 벗겨지고 십자가에 달리셨다. 이처럼 팔자 세고 한 많은 인생도 없을 것이다. 그러면서 그 목사님은 예수님 다음으로 팔자 센 사람이 바로 사모라고 소개해 주셨다. 그 말씀을 들었던 사모님들이 다들 공감하셨던 그런 기억이 있다. 그리고 목사님은 한마디 더 붙이셨다. 그러니까 사모님들은 예수님과 제일 친해져야 한다고…….

그래서인지, 나는 이 책을 쓰면서도 사모님들이 예수님과 보다 친해지길 기대하는 마음을 가지고 있다. 분명 이 책의 독자들 중에 사모님들도 있을 텐데 그분들이 이 책을 덮고 난 후, 예수님과 단짝이 되어 위로를 주고받을 수 있다면 너무 감사하겠다. 물론 사모인 나 역시도 예수님과 더 친해질 것이다. 힘들수록, 지칠수록 더…….

하나님은
다 보고 계시고
다 알고 계신다

얼마 전, 황당하면서도 재미있는 일이 있었다. 주일 새벽 1시쯤 화장실에 가려고 잠시 깼는데 잠자던 남편이 잠꼬대를 했다.

"하나님께서 다 알고 계십니다. 하나님께서 다 보고 계십니다. 아멘!"

잠꼬대라고 하기에는 너무 또랑또랑하고 정확한 발음이었다. 그래서 혼자 웃었다. 하지만 그 짧은 두 마디가 나에게는 강하게 다가왔다. 그때 나는 화장실로 향하면서 "아멘!"으로 화답했다. 그러고는 주일을 준비하기 위해 새벽 6시에 일어났는데 그 일이 생각나 웃음이 다시 터졌다. 무슨 기억나는 것 없냐고 했더니 자신이 어떤 말을 했는지는 전혀 기억하지 못했다.

"당신이 아멘 한 건 들은 것 같은데……."

나는 무슨 일이 있었는지를 얘기해 주었다. 그러면서 우스갯소리로 이렇게 말했다.

"꿈속에서도 설교를 하다니. 이제 목사님 다 되었어요."

그냥 웃긴 에피소드 같기도 하지만 돌아보면 하나님이 나에게 주신 강력한 메시지가 아닐까 싶다. 그도 그럴 수밖에 없는 것이 그때 그 잠꼬대 설교를 들었던 청중은 나 혼자뿐이 아니던가. 분명한 것은 10초도 안 되는 그 짧은 설교가 토씨 하나 안 틀리고 아직도 내 가슴속에 선명하게 새겨져 있다는 것이다.

사실 하나님이 다 아신다는 말, 너무나 익숙하고 당연한 말이다. 교인이라면 이 사실을 모르는 사람도 없고 부정할 사람도 없다. 하지만 알아도 모르는 척하며 사는 것이 우리 모습이기도 하다. 나 역시도 그렇다. 하나님이 다 알고 계시고 다 보고 계심을 분명히 믿는다고는 하지만 하나님 몰래 부정적인 생각을 품기도 하고 부끄러운 행동을 하기도 한다. 그러기에 나는 그런 실수를 또 할 때마다 그 짧은 잠꼬대 설교를 기억할 것이다.

이와 관련해서 예전에 어떤 목사님의 간증을 들은 적이 있었다. 20년 전 즈음, 그 목사님은 외국으로 나갈 일이 있어 공항에 갔다고 했다. 그런데 공항에서 비행기를 기다리는 동안 야한 잡지에 눈이 꽂히셨다고 했다. 그 목사님은 사면 안 된다는 것을 알면서도 좌우를 살피면서 결국 그 잡지를 손에 넣으셨다. 그러고는 또다시 좌우를 살피면서 잡지를 몰래몰래 보았고 보면서 너무 좋다는 생각까지 했다고. 문제는 그것이 끝이 아니었다는 사실이다. 한번 가슴 졸이며 시작하고 나니 그다음부터는 점점 더 대범해졌다는 것이 아닌가? 그 이후로 자꾸만 그런 것을 사서 보게 되었다고 한다. 다행히 하나님은 그 행동을 내버려 두지 않으셨다. 어느 날 하나님이 드디어 사랑의 매를 드셨다.

"야. 이놈아! 언제까지 보고 있을 거냐? 나 안 보이냐?"

목사님은 그제야 알았다. 하나님이 자신을 다 지켜보고 계셨음을.

"다시는 안 보겠습니다. 하나님."

그러고는 이렇게 기도를 드리셨다고 했다.

"내가 만약 이런 더러운 거 또다시 보면 제 눈깔을 그냥 빼 주세요……."

하나님은 내 뒤에서
기대 그 이상의 선물을
준비해 놓고 계신다

2009년 7월 4일, 미국에 코스타 일정을 마치고 돌아올 때의 일이다. 우리 부부는 사역 때문에 A항공사 비행기를 많이 타서 그런지 당시 마일리지가 꽤 높았다. 그리고 라인도 편하게 설 수 있는 다이아몬드 등급을 보유하고 있었다. 이 말인즉슨, 이 항공사 비행기를 타게 되면 조금 더 대우를 받을 수 있다는 소리다. 먼저 들어가게 해주는 등의 배려를 받게 된다고나 할까?

그런데 그날, 등급에 맞게 대우를 잘 받을 것을 기대하며 들어갔는데 뭔가 이상했다. 뉴욕에서 인천으로 오는 상황이었는데 다이아몬드 등급인 것을 확인시켜 주어도 들여보내지 않고 저리로 가라고 했다. 아니 뒤로 가라고 했다. 대우를 받기는커녕, 정당하지 못한 취급을 받으니 남편마저도 화가 날 정도였다. 나 역시도 화가 난 것은 매한가지나 일단 참자고 했다.

"여보. 참자. 그냥 참자."

하지만 말로는 참자고 해도 속으로는 끓어올랐다. 사실 한 번 정도는 그냥 넘길 수 있다지만 두 번, 세 번 계속 그런 대접을 받으면 도무지 참기 어렵다. 짐 맡길 때부터 시작해서 보안 검색을 할 때도, 비행기 안에 들어갈 때도 계속 밀려났다. 아무런 이유 없이 다른 사람부터 들어가게 했다.

특히나 그때 시각은 밤 12시. 피곤할 대로 피곤한 상태에 짜증이 더 밀려왔다. 그냥 다 포기한 채로 늦게 들어가자고 했다. 가장 늦게. 아예 맘 편하게.

제일 늦게 들어와 보니 비행기는 이미 만석이었고 우리는 인천까지만이라도 잘 가게 해달라고 기도하며 자리에 앉으려고 했다. 그러나 우리 좌석에는 이미 다른 사람이 앉아 있었다. 모든 것을 다 포기한 상태여서 그런가, 이젠 더 놀랄 것도 없었다. 자포자기한 심정으로 '앉아서 잘 가게만 해주세요.'라고 기도하며 스튜어디스에게 표를 보여 주었다. 스튜어디스가 확인 후 오더니 한마디 했다.

"올라가시죠."

하나님이 비즈니스 클래스로 업그레이드시켜 주신 것이다. 사실 12~13시간 동안 가야 하는데 비즈니스 클래스로 갔으니 얼마나 편했겠는가. 원래 우리는 비행기에 타면 먼저 손잡고 기도하는데 그날은 눈물을 흘리며 기도했다. 사실 그날이 남편의 환갑이었다.

"하나님, 감사합니다. 이렇게 우리에게 잘해 주시려고 저 사람들을 쓰셨네요."

정당한 대우도 받지 못해 어이가 없고 당황스러웠는데, 하나님은 그 모든 상황을 통해 이코노미석에서 비즈니스석으로 업그레이드시켜 주시다니.

그 후, 돌아오는 주일에 이 에피소드를 들려주자 성도들도 막 박수를 쳤다. 그런데 이런 일이 그 이후로도 더 있었다. 한두 번도, 두세 번도 아니고 무려 아홉 번이나.

단지 그때 비즈니스석을 타서가 아니다. 그 사건을 통해 하나님은 우리가 생각하는 것 그 이상의 분이심을 깨달았다. 내 생각으로는 예측할 수 없는 그분의 역사하심을 깨달았다. 물론 이전에도 안다고는 했지만 그 일을 통해 제대로 깨달았다. 그리고 내가 속상하고 억울해했던 것들을 활용해서 나에게 기쁨과 행복을 주시는 분임을 알았다.

그런 하나님이 계시기에 나는 오늘도 기대해 본다. 내 뒤에서 어떤 선물을 들고 계실 하나님이 계시기에, 벌써부터 설렌다. 더욱 기대되는 것은 그 선물이 내가 생각한 것, 그 이상의 것이라는 사실이다. 그래서 더 떨린다. 그러기에 행여 내가 오늘 마땅히 받아야 할 것을 못 받았다고 하더라도 괜찮다. 하나님이 그것을 다 아시니까. 그리고 못 받은 것과는 비교도 안 될 것을 주실 테니까. 그런 최종 결과를 알기 때문에, 웃을 수 있다.

그러므로 형제들아 주께서 강림하시기까지 길이 참으라 보라 농부가 땅에서 나는 귀한 열매를 바라고 길이 참아 이른 비와 늦은 비를 기다리나니 너희도 길이 참고 마음을 굳건하게 하라 주의 강림이 가까우니라 형제들아 서로 원망하지 말라 그리하여야 심판을 면하리라 보라 심판주가 문 밖에 서 계시니라 (약 5:7-9)

큰 은혜 받은 후에
오는 큰 시험

남편의 40일 금식을 계기로 하나님을 만나게 되면서 나는 큰 은혜를 받았다. 방언도 받았고 천국을 확실히 믿게 되었다. 당연히 일상 속에서도 이전에는 몰랐던 천국을 경험해 갔다.

그런데 그런 놀라운 은혜를 받은 후, 이런 일이 있었다. 어느 날, 유난히도 돌아가신 친정아버지가 보고 싶어서 기분이 울적해졌다. 그리움이 사무치게 밀려오자 웃음도 나오질 않았고 괜히 우울한 표정을 짓게 되었다. 나는 아무 말 없이 우울한 낯빛으로 방에 앉아 이불만 계속 꿰매고 있었다.

그런데 어머님은 평소와 달리 우울한 표정으로 그러고 있는 내가 못

마땅하셨던 것 같다. 어머님 역시 기분이 좋지 않은 상태로 계시다가 남편이 들어오자마자 나에 대한 이야기를 하셨다. 정확히 말하면 남편 앞에서 나를 야단치신 것이다.

그러고는 어머님과 남편이 방으로 들어와 동시에 나를 향해 공격하기 시작했다. 심지어 삿대질까지 하면서 내 태도가 나쁘다고 꾸짖었다. 사실 어머님이 그렇게 야단치고 공격하는 것은 참을 수 있었다. 그러나 9년이나 같이 살았던 남편이 내 이야기는 듣지 않고 어머님 이야기만 들은 채 나를 공격하자, 도저히 참을 수 없었다. 나는 무릎 꿇고 앉아서 우는 것밖에 할 수 없었다. 정말이지 억울함이 차올라 아무 말도 나오지 않았다.

나는 무작정 집 밖으로 나와 버렸다. 하지만 갈 데가 없었다. 일단 시장으로 갔고 힘없이 걸어 다니며 구경을 했다. 특히 나는 예쁜 그릇을 보면 기분이 좋아지곤 했기 때문에 시장에 진열된 그릇들을 보며 기분을 달래 보고자 했다. 물론 그것으로 풀릴 리 없었다. 당시 나는 너무 힘들고 억울했기 때문에 죽고 싶은 마음까지 들었다. 하지만 그게 어디 내 마음대로 된단 말인가. 정말이지 그때는 차가 와서 나를 치고 갔으면 좋겠다는 생각이 들 정도였다. 그래도 그 와중에 진우와 진석이 생각을 하니 그런 생각은 다시 거둘 수밖에 없었다. 그러고는 아이들이 생각난 김에 진우와 진석이에게 신길 예쁜 양말을 하나씩 사서 집으로 들어갔다.

내가 들어가자, 남편이 이미 놀란 상태로 얼어 있었다. 아무 말 없이 몇 시간을 밖에 있다가 들어왔으니 그럴 수밖에 없었다. 심지어 이런 일이 처음이었으니. 남편은 미안하다며 사과했고 나도 그제야 솔직하게 이야기했다. 그날따라 아버지가 너무 보고 싶어서 마음이 우울했었다고……. 어디 나라고 밤낮 '하하 호호' 웃을 수만 있겠냐고……. 나도 사람이라고……. 나도 힘들 때가 있다고…….

그다음 날 우리 교회에서 부흥회가 있었는데 그때 들은 설교 말씀이 나에게는 큰 위로와 힘이 되었다. 그때 강사 목사님은 '우리가 큰 은혜를 받은 다음에 큰 시험이 온다.'고 말씀하셨다. 그러고는 이어서 '큰 시험을 이기도록 은혜를 미리 주신다.'고 말씀하셨다.

'맞아……. 큰 시험 이기게 하시려고 나에게 이런 일을 미리 주셨구나.'

물론 그때의 일은 완벽하게 해피엔딩으로 끝났다. 얼마 후 남편은 전화를 걸어 나를 밖으로 불러내었다. 그리고는 그때의 일이 미안했는지 예쁜 옷을 하나 사주었다. 그렇게 위기가 될 뻔했던 그 일은 행복하게 마무리되었고, 시험을 이기기 위해 미리 주셨던 하나님의 은혜에 다시 한번 감사할 수 있었다.

PART 3

한마음,
한 몸으로
살아가는 부부

부부간의 사랑과 신뢰는

가정을 굳건하게 세우는 동력이자 가족을 올바르게 이끄는 근본이 된다.

부부가 건강한 사랑을 할 때 가정이 건강해지고

부부가 서로 행복을 느낄 때 자녀도 가장 행복해질 수 있다.

무엇보다 가정의 기초인 부부가 웃을 때 하나님도 기뻐하신다.

Part 3에서는 둘이 아닌, 하나가 되어 살아가는 부부의 상을 그리게 된다.

우리가
선택하는 것 같아도
중매자는
하나님이시다

내 인생에서 배우자 선택이 매우 중요했던 만큼, 자녀에게 있어서도 배우자 선택은 매우 중요한 일이었다. 아마 내가 고민한 것처럼 내 자녀들 역시 이 부분을 두고 많은 고민을 했을 것이다. 혹은 시행착오도 있었을 것이다. 그런데 나는 아이들에게 항상 이렇게 말했다.

"네 짝이면 될 거고 아니면 안 될 거야."

아주 간단한 원리다. 이 원리가 있다면 당장 내가 좋아하는 사람과 연결이 되지 않아도 좌절하지 않을 수 있다. 하나님의 인도하심이 따로 있나 보다 하며 기다리면 되기 때문이다.

이런 원리 덕분에 아들들도 지금의 며느리들을 만나 결혼에 골인하게 되었다. 나는 그 모든 과정 속에 하나님이 개입하셨으리라 믿어 의심치 않는다. 내가 남편을 만나는 과정에서도 하나님의 개입하심이 있었듯, 그들 가운데도 하나님의 적극적인 개입이 있었으리라 확신하는 것이다.

그런 점에서 볼 때, 우리가 짝을 선택하는 것도 얼핏 보기에는 내가 한 것 같지만 결국은 하나님이 연결해 주신 것이라 할 수 있다. 하나님이 특정한 사람과 상황을 통해 중매를 서 주신 것이다. 단지 우리는 눈에 보이는 사람, 상황만 보기에 하나님의 개입을 못 느끼는 것에 불과하다.

그런데 이렇게 하나님이 중매를 서셨다는 사실은 매우 중요한 과제를 내포하고 있기도 하다. 이 사실은 곧, '한번 결혼하면 끝까지 잘 살아야 한다.'는 것을 전제로 한다는 것이다. 간혹 어떤 사람은 내 선택이 잘못된 것 같으니 이제라도 바꾸겠다며 배우자를 떠나기도 한다. 그러고는 '그때는 틀렸고 지금은 맞다'는 영화제목처럼, 새로운 선택을 합리화하기도 한다. 그러나 우리가 모를 뿐이지, 중매는 하나님이 서셨다. 그러기에 우리에게는 '끝까지 잘 살' 의무가 있다. 그렇게 부부와 하나님은 떼려야 뗄 수 없는 관계다. 하나님이 맺어 주시고 인도해 주신 짝……. 그러기에 그 짝은 더욱 소중한 존재며 평생 내가 붙잡고 가야 할 나만의 배우자다.

네 샘으로 복되게 하라 네가 젊어서 취한 아내를 즐거워하라 그는 사랑스러운 암사슴 같고 아름다운 암노루 같으니 너는 그의 품을 항상 족하게 여기며 그의 사랑을 항상 연모하라(잠 5:18-19)

귀가 예쁜 사람이
제일 매력적이다

남자들에게 이상형을 물어보면 다들 '성격 좋은 사람, 바른 사람, 밝은 사람, 착한 사람'이 좋다고 한다. 그러나 말은 그렇게 하면서도 저마다 예쁜 사람을 찾는다. 이미 '예쁜 얼굴'을 전제로 그런 추가 조건만 말하는 것이다. 그런데 외면의 아름다움은 오래 가지 못한다. 예쁜 얼굴이 상대방에게 평생토록 행복을 안겨 줄 수는 없는 것이다. 그렇다면 무엇이 진정한 매력일까?

앞서 남자들은 예쁜 여자를 좋아한다고 했지만 어느 정도 사람을 볼 줄 아는 눈이 생긴 사람들은 또 다르게 말하기도 한다. 그들은 자기 말을 잘 들어주는 여자가 좋다고 말한다. 또한 결혼 생활을 한 사람들도 이렇게 말한다.

"살면 살수록 내 말 잘 들어 주는 여자가 최고야."

물론 그 사람들도 예쁜 여자를 보면 좋아할지 모른다. 그러나 아무리 예뻐도 관계에 있어 기본이라 할 수 있는 대화가 제대로 이루어지지 않으면 그 관계에서는 행복할 수 없다. 그러기에 이런 사실을 깨달은 사람은 예쁜 것보다 자신의 말을 잘 들어 주는 여자 앞에서 행복하다.

실제로 영어예배 성가대를 지휘할 때 리더였던 한 청년이 직장에서 찍은 단체 사진을 보여 준 적이 있었다. 그런데 그중에 눈에 띌 정도로 예쁜 여성이 있어 '이 친구 참 예쁘다.'라고 했더니 그 리더는 고개를 절레절레 흔들며 말했다.

"어휴. 그 애 깡통이에요."

그 사진 속 여자분에게 죄송하긴 하지만, 그 말을 듣고 나도 적지 않게 놀랐다. 순간 남자들이 다 예쁜 것만 좋아하진 않는다는 것을 알았다.

한 연애학 박사는 "여자에게 있어 가장 섹시한 것은 귀가 아닐까라고 생각한다."고 했다. 그 말을 듣고 나는 진심으로 공감했고, 내 몸에서 가장 섹시한 곳도 귀라고 자신할 수 있게 되었다.

역사상 최고의 매력녀로 일컬어지는 클레오파트라 역시 예쁘기도 했지만 남의 말을 잘 들어 주는 여성이었다고 한다. 그녀가 카이사르, 안토니우스 등과 정치적 연대를 하면서 지중해의 정세를 좌지우지할 수 있었던 것이 미모 때문이었다고 알려지긴 했으나, 실제로는 그녀의 지성과 언변, 정치 수완 때문에 그런 영향력을 끼칠 수 있었다는 것이다. 아무래도 '매력' 하면 미모를 떠올리는 경우가 많다 보니, 그녀의 지성에서 비롯된 매력이 미모로 인한 매력인 것처럼 한동안 오인되었던 것이 아닐까 싶다. 그 얘기를 들으며 나는 '딱 나네!' 탄성을 질렀었다. 어찌되었든, 그녀 역시 귀가 참 예뻤던 것은 틀림없다.

그런데 클레오파트라처럼 귀가 섹시하려면, 그 이전에 머리가 뒷받침되어야 한다. '잘 듣는다'는 것은 기계적으로 소리만 흡수하는 것이 아니라, '잘 이해한다'라는 것을 의미하기 때문이다. 한마디로 잘 들어 준다는 것은 그만큼 지성이 수반되어 있어야 한다. 어느 정도 배경지식도 있고 내용을 이해할 만한 수준을 갖춰야 하며, 거기에 더 깊은 사고로 확장할 수 있는 판단력도 겸비해야 한다. 그래야 잘 들을 수 있다. 단순히 열린 마음, 착한 마음만으로는 잘 들을 수 없다. 이처럼 귀가 섹시하다는 것은 이런 요소들을 다 수반하기에, 지속적인 매력을 가져다주게 되는 것이 아닐까?

그렇기 때문에 여자라면 외모도 단정하게 가꾸어야겠지만 매력 있는 귀를 만들기 위해서도 많은 노력을 해야 한다. 나 역시도 그 부분에 있어서는 더 노력하고 있다. 나이가 드는 만큼, 더 풍부한 지식과 지혜를 겸비하기 위해 더 많이 준비하고 공부하고 있는 것이다. 그래서 청년들에게 강의할 때도 우스갯소리로 이렇게 말한다.

"얼굴 아니다 싶으면, 열심히 공부하고 잘 들어 주세요."

문득 내가 프러포즈 받았던 날이 떠오른다. 나와 남편은 둘 다 대학 시절부터 영어 공부를 열심히 했었다. 나는 경희대 작곡과에 다니면서 꾸준히 영어 공부를 했고, 남편도 서강대 재학 시절에 유학 갈 생각으로 영어 공부를 열심히 했다. 특히 서강대는 그 시절부터 영어를 스파르타 식으로 시키던 학교였기 때문에 더 열심히 했던 것 같다. 그런데 연애를 하던 어느 날, 하루는 대성리로 소풍을 가서 보트를 타게 되었는데 이런 질문을 듣게 되었다.

"전선생님, 멘델스존의 미국식 발음이 뭔지 아세요?

참고로 멘델스존은 독일식 발음이다. 나는 그것을 알고 있어서 바로 대답했다.

"멘델슨(Mendelssohn)이요."

그리고 그날 바로 프러포즈를 받았다. 물론 그 대답을 못했어도 결혼 은 했겠지만, 그때 그 대답이 너무 좋았던 것만은 사실이라고 했다. 그 일은 나의 지성미로 승부를 보았던 특별한 기억이 아닐는지……. 나 역 시도 그때 그런 매력을 알아준 남편이 참 고마웠다.

그런데 그런 지성과 그 지성에 기반을 둔 섹시한 귀는 결혼 후에 더 필요할지도 모르겠다. 나이가 들면 들수록 배우자를 더 깊이 이해해야 하고 배우자와 더 풍부한 대화를 나누어야 할 테니 말이다. 분명 그렇게 된다면 아무리 나이가 들어도 서로에 대한 매력은 더 강하게 뿜어져 나 오지 않을까? 그러니 결혼 전, 자신의 매력을 키우기 위해 자신의 지성 을 통해 귀를 더욱 섹시하게 만드는 것도 중요하지만 결혼 후에도 이 매 력 발산을 위한 노력은 지속되어야 할 것이다. 나 역시도 지속적으로 노 력을 할 것이고 말이다.

사찰집사님 아내도
할 수 있어요

결혼 후, 우리가 처음으로 갔던 교회는 천성교회다. 그 교회는 판자촌 사이에 있던 교회로, 그 동네 분위기만큼이나 여러모로 열악했다. 물론 주님 보시기에는 더없는 작은 천국이었겠지만……. 그곳에서 7개월간 사역을 했다.

그런데 하루는 문틀이 너무 낮아서 지나가다가 '꽝' 하고 부딪혔다. 너무 아파서 엉엉 울었다. 아프긴 했지만 별일 없을 거라 생각했는데 자세히 보니 혹까지 났다. 이제 막 결혼한 새색시 머리에 혹이라니. 아프기도 했고 황당하기도 했다.

그때 남편은 그 모습을 보고 막 웃었다. 더 겸손해져야 한다며…….

더 머리 숙이라는 하나님 뜻인가 보다며……. 그 이야기를 들은 나도 울다 웃었다. 정말이지, 꿈보다 해몽이 아닌가. 그 상황을 그렇게 풀이하다니! 물론 혹 난 내 모습이 안타깝기도 했지만 그렇게 의미 있는 유머로 상황을 풀어 갈 수 있어 좋았다. 그 상황에서조차 웃을 수 있다는 게 참 좋았다.

사실 어떻게 보면, 괜히 서럽기도 할 법한 상황일 수도 있다. 얼마나 문틀이 낮으면 머리를 부딪치겠는가. 나름 부유하게 살아온 나에게는 그런 경험이 더 이질적으로 다가올 수도 있었다. 거기에 아프기도 하고 혹까지 났으니 더 서글프기도 할 텐데 그래도 웃음이 나왔다. 그 작은 공간 안에 사랑하는 남편과 같이 살 수 있다는 것 자체가 행복했기 때문이다. 그래서 그런 농담을 들으며 속상할 법한 일도 행복한 일로 전환시킬 수 있었다. 그리고 보면 사랑의 위력은 대단하다. 서럽고 아픈 것도 이겨 내게 하니 말이다.

그때 나는 '함께한다'는 것의 가치를 깨달았다. 꼭 좋은 곳에 있어야만 행복한 것이 아니라, 사랑하는 사람과 함께하는 것이 가장 큰 행복이라는 것을……. 그래서인지 나는 남편이 가는 곳이라면 어디든 다 좋았다.

제주에서 사역하던 시절, 하루는 남편이 이런 말을 했다. 그때는 담임 목사가 되기 전이었다.

"여보, 교회에서 부목사를 뽑을 때 나같이 실력 없는 사람은 뽑히기 어려워. 그런데 난 교회 안에서 헌신하고 싶어."

아무래도 제주에서 더 길게 사역할 것을 예상하지 못한 상황이라 우리 역시 이런저런 미래에 대한 계획을 세우지 않을 수 없었다. 아마 그런 고민을 하면서 이런 말을 나누었던 것 같다. 이 교회를 만약 떠나게 되면 다른 곳에서 부교역자를 해야 하는데, 자신을 부목사로 받아 줄 곳이 있을지를 염려하면서 말이다. 하기야, 그때는 제주영락교회에서 담임목사가 되리라고는 상상도 못했으니……. 특히나 당시 남편은 자신의 신앙경력이 짧은 것 때문에 낮아질 대로 낮아진 상태였다.

그런데 그 말을 하면서 다음과 같은 말을 덧붙였다.

"혹시……. 사찰집사 아내 할 수 있어?"

그때 난 딱 한 가지만 물어봤다.

"사찰집사님도 사택 주나요?"

"그럼. 주지."

"그럼, 할 수 있죠."

남편은 내가 그렇게 대답해 준 것에 대해 지금도 고마워한다.

하나님이
지금 이 순간
나에게 원하시는 일

OM선교회에서 마련한 '러브유럽' 여름 단기선교 프로그램에 참여할 기회를 얻게 된 적이 있었다. 나는 이 단기선교를 꼭 가고 싶었고 남편 역시 맘 편히 갈 수 있도록 응원해 주었다. 특히 당시 나는 시부모님과 같이 살고 있었는데, 어머님 역시 흔쾌히 허락해 주시고 지지해 주셨다. 사실 내가 그 단기선교를 가게 된다면 15일간 집을 비워야 한다. 당시 진우는 초등학교 3학년, 진석이는 2학년이었기 때문에 손이 많이 갈 텐데 그래도 어머님은 걱정 말라며 다녀오라고 하셨다. 그만큼 어머님은 무슨 일이든 적극적으로 지지해 주시는 분이셨고 뒤에서 많은 도움을 주셨던 분이었다.

그런데 단기선교를 가기 전, 어머님이 제주영락교회 계단에서 넘어지시는 사고가 벌어졌다. 뼈는 안 다치셨지만 다리 쪽에 멍이 드셔서 몸이 불편해진 상황이었다. 그런 중에도 어머님은 나에게는 이야기를 하지 않으셨다. 괜히 걱정하고 부담을 줄 것 같다고 판단하셨던 것이다. 나중에야 교인들로부터 그 이야기를 전해 들었고 얼른 가서 어머님의 상태를 보게 되었다. 그리고 깊은 고민에 빠질 수밖에 없었다.

'러브유럽 단기선교를 갈 것인가. 말 것인가.'

나는 오래 고민하지 않고 바로 결론을 내렸다. 어머님을 돌봐 드리겠다고……. 내가 어려운 사람 돕기 위해 저 멀리 선교하러 간다고 하면서, 정작 몸이 불편하신 시어머니께 아이들을 맡길 수는 없었기 때문이었다. 그렇게 단기선교에 가지 않기로 정하고, 다른 분이 나 대신 지원을 받을 수 있게 해드렸다.

누군가는 어떻게 집안일 때문에 그 귀한 선교 사명을 포기하느냐고 말할지 모르겠다. 하지만 지금 주어진 이 상황에서 내 역할을 충실하게 감당하는 것 역시 하나님께 충성하는 일이다. 꼭 주님의 일처럼 보이는 일만 주님의 일이 아니라, 가까운 내 가족을 돌보는 것 역시 주님의 일이 될 수 있는 것이다.

사실 우리는 선교하고 사역한다고 하면서 내 가족 돌보는 일은 뒷전에 둘 때가 있다. 그럴 때마다 '하나님이 지금 이 순간, 나에게 원하시는 일이 무엇인지'를 생각해 보면 어떨까. 그야말로 내가 내 역할을 제대로 하는 것, 그것이 사명 감당의 첫 단추가 아닐까.

비슷한 일이 한 번 더 있었다. 모스크바 코스타에서 강사 요청이 온 적이 있다. 그것도 신신당부하며 꼭 와 달라고 부탁할 정도였다. 나 역시 기쁜 마음으로 그 사역을 위해 갈 준비를 하기 시작했다. 하지만 그즈음 해서 친정 엄마가 편찮으셨다. 그때 역시 나는 코스타 강의를 포기하고 엄마를 돌봐 드렸다. 그 상황에서 내가 먼저 할 일은 딸로서 아픈 엄마를 살피는 일이었기 때문이었다. 나중에 엄마가 이렇게 말씀하셨다.

"경숙아. 너무 고맙다."

요즘도 나는 오후 예배를 빠질 때가 있다. 손자들을 돌보아 주어야 할 때, 불가피하게 빠지게 된다. 물론 예배가 우리 삶에 가장 중요하다. 그러나 예배당에서 드리는 것만이 예배가 아니라, 하나님이 내게 맡기신 역할을 감당하는 것 역시 예배가 될 수 있다고 생각한다.

문득 질 브리스코 사모님이 하신 이야기가 떠오른다. 하루는 어떤 분이 사모님께 이런 질문을 했다고 한다.

"사모님의 우선순위는 무엇인가요?"

그때 사모님은 이렇게 말씀하셨다.

"물론 하나님이 최고의 우선순위지요. 하지만 상황에 따라서 우리가 먼저 챙겨야 할 것을 그때그때 알려 주실 것입니다."

—

아내가 있는 곳이
가장 편한 내 집이다

—

내 남편 김목사는 부흥회든, 어디든 나를 데리고 다닌다. 내가 있는 곳은 어디든 집처럼 편하기 때문이다. 낯선 호텔에서 자도 내가 있으면 집에서 잔 것 같다고 할 정도다. 사실 결혼한 지 37년이 넘었다. 그런데 아직도 같이 있으면 좋고 같이 있으면 편하다. 남편도 그렇고 나도 그렇다.

그만큼 같이 있는 것, 함께하고 싶은 것은 중요하다. 부부 사이에서는 더욱 중요하다. 사실 처음 결혼을 하기로 마음먹게 되는 것도 '같이 있고 싶어서'가 아닐까. 우리 역시 처음 결혼할 때, '계속 같이 있고 싶은 마음' 때문에 결혼했다.

남편과 처음 교제를 시작했을 때, 솔직히 너무 좋았다. 처음부터 좋았다. 그도 그럴 수밖에 없는 것이 원우회 수첩에 있는 작은 사진 한 장만을 보고서도 딱 마음에 들어 하지 않았는가? 그런데 처음 우리는 일주일에 한 번 정도 만났다. 만나도 몇 시간 같이 있은 후 바로 헤어져야 했다. 그러니 아쉬웠다. 더 그리웠다. 결국 두 번씩 만났다. 그런데 더 아쉬웠다. 더, 더 그리웠다.

한번은 서울에서 데이트를 즐기고 헤어질 시간이 되었는데 도무지 헤어지기가 싫었다. 내 고향은 인천이고 남편 집은 서울이라, 꽤 먼 거리지만 남편은 굳이 나를 인천까지 데려다주겠다고 했다. 데려다주는 시간이라도 더 벌기 위해서. 그런데 막상 도착지에 이르니 아쉬운 것이다. 떨어지기가 싫었다. 그래서 나는 '이번에는 내가 데려다주겠다'며 서울까지 다시 갔다(그럴 거면 몇 시간 더 서울에서 놀았어도 되지 않았을까 싶다). 그런데 남편 입장에서는 서울까지 다시 올라온 나를 홀로 인천까지 가게 할 수 없었다. 그렇게 다시 인천까지 데려다주었고 드디어 작별했다. 그런 일들이 생기면서 서로 같이 있고 싶어 한다는 것을 알게 되었고 결혼을 해야 한다는 생각에까지 이르게 되었다.

물론 이것은 우리 부부만의 일은 아닐 것이다. 아마 대부분 같이 있고 싶다는 이유로 결혼을 하게 되지 않았을까. 그런데 더 중요한 것은 그때 가졌던 마음이 아직도 유지되고 있다는 사실이다. 그래서 사역 차 떠날 때도 함께하고 싶어 한다.

안타깝게도 시간이 지나면서 그 마음이 줄어드는 경우를 많이 본다.

아니, 반대가 되는 경우가 허다하다. 이왕이면 다른 사람과 있고 싶고 이왕이면 더 떨어져 있고 싶어 한다. 그러다가 필요할 때만 찾는다. 그야말로 필요할 때만 이용하는 것이다. 그리고 그런 모습이 어느새 익숙하리만치 불편한 가정의 보편적 문화가 되어 가고 있다.

하지만 누군가는 이것이 현실이라고 할지 모르나, 적어도 부부라면 하나가 되어야 한다. 함께 있는 것이 갈수록 좋아져야 한다. '함께하고픈 마음을 갖는 것'이 결혼 전, 연애 시기 때나 가능한 이야기가 아니라, 지극히 현실적인 부부의 이야기가 되어야 한다.

그런데 이것이 그냥 아무렇지 않게 이루어진 일일까? 이것은 결코 저절로 될 수 있는 일이 아니다. 37년이 지나도 같이하고픈 마음이 지속되려면 노력이 필요하다. 그것은 뒤에서도 더 자세히 다루겠지만 각자가 하기 나름이다. 서로가 서로를 보며 사랑스러운 점을 찾기 위해 노력하고 또 노력하는 것, 그것이 필요하다(이 부분은 바로 다음 내용에서 더 자세히 다루게 될 것이다). 그러면 더 좋아질 수밖에 없고 더 함께할 수밖에 없다. 배우자의 그 자리를 그 누구라도 대체할 수 없을 정도로 지금의 그대가 소중하고 그리워지게 된다.

사랑스러운 것을
찾아서 보면,
더 사랑할 수밖에 없다

얼마 전, 한 목사님이 뜬금없이 이런 질문을 하셨다.

"사모님은 아직도 김창근이 그렇게도 좋아요?"

나의 대답은 이랬다.

"그럼요!!"

그런데 직전에도 말했지만 이것이 과연 저절로 이루어진 것일까? 남편과 내가 그 누구보다 매력적이어서 서로가 서로에게 계속 끌릴 수밖에 없는 것일까? 아니다. 우리에게도 부족한 점이 있기 마련이다. 그럼에도 아직까지 사랑할 수 있는 것은 사랑할 수밖에 없는 이유를 찾았기 때문이다. 좋은 점을 보려고 더 노력하고 연구했기 때문이다.

한번은 마더와이즈 리더의 이야기를 듣고 놀란 적이 있었다. 참고로 『마더와이즈』 자유편 표지에는 나비 그림이 있고, 본문 중에는 일부에 '누에고치가 나비가 되는 것'에 대한 내용이 담겨 있다. 그런데 리더 중한 사람이 그 내용을 읽다가 그제야 표지에서 나비 그림을 발견했다며 신기해하는 것이었다. 그전까지는 표지를 매번 보면서도 나비 그림이 있는 줄 몰랐는데, 관련 내용을 읽다가 그제야 확인하게 된 것이다.

그때 느낀 것이 있다. 사람은 보고 싶은 것만을 본다는 것을……. 똑같이 표지를 보지만 표지에 나비가 있다는 것을 본 사람이 있고 못 본 사람이 있다. 분명 여러 번 표지를 보았을 텐데, 왜 누구의 눈에는 나비가 인식되고 누구의 눈에는 인식되지 못한 것일까? 그만큼 똑같이 무엇인가를 보고 있어도 눈에 들어오는 것은 같을 수 없다.

부부간의 관계에서도 마찬가지다. 서로 매일 보며 지내지만 보고 싶은 것만 보게 된다. 앞에 서 있다고 해서, 눈이 상대방을 향하고 있다고 해서 다 볼 수 있는 것이 아니다. 보이는 것만 보인다. 보고 싶은 것만 보인다. 그러기에 단점, 허점만 보려고 하면 그런 점들만 보여 정이 떨어지는 것이고, 장점, 사랑스러운 점만 보려고 하면 그런 점들만 보여 더 사랑하게 되는 것이다.

좋은 점을 보려고 노력하지 않으면 아무리 오래 살아도 모른다. 정작 주변 친구나 동료들은 아는 사실을, 정작 가장 가까운 배우자는 모를 수 있다. 그야말로 남보다 못한 사람이 되어 버리는 것이다.

실제로 눈이라고 해서 다 같은 눈이 아니다. 무엇을 보느냐에 따라 달라질 수 있다. 이와 관련해서 어느 목사님은 눈이 영안, 눈, 눈깔로 나뉜다고 했다. 그리고 여기서 영안은 하나님의 마음을 볼 수 있는 눈이고, 눈은 그냥 눈이며, 눈깔은 더러운 것을 보는 눈이라고 했다. 그러면서 눈깔은 그냥 뽑아 버려야 된다는 말씀도 덧붙이셨다. 이처럼 어떤 것을 보느냐에 따라 내 생각과 내 마음은 완전히 달라질 수 있다.

물론 배우자더러 '알아서 나의 좋은 점을 찾아내라'고 해서는 안 된다. 나 역시도 좋은 점, 사랑스러운 점들을 만들어 가야 한다. 이왕이면 내 남편에게 예쁘게 보이기 위해 노력해야 한다. 어쩌면 그런 노력하는 모습 자체가 사랑스러운 모습이 될 수도 있을 것이다.

갯바위와
따개비 사랑

내가 제일 좋아하는 배우는 국민 배우의 명맥을 몇십 년째 지키고 있는 안성기 씨다. 아마 안티 없는 배우 중 대표 주자가 바로 이분이 아닐까 싶다. 그만큼 이분에 대해서는 대부분 사람이 호감을 가지고 있다. 가까운 지인들도 이분의 사생활에 대해서는 극찬을 할 정도니…….

그리고 무엇보다도 내가 좋아하는 이유는 내 남편과 너무나도 닮았기 때문이다. 그런데 우연히 잡지에서 안성기 씨에 대한 글을 본 적이 있다. 그 부부가 어떻게 지내는지를 인터뷰한 기사였다. 거기서 유난히 기억에 남는 내용이 있어 이 책에 소개해 볼까 한다.

첫 번째는 부부는 갯바위와 따개비와도 같은 존재라는 사실이다. 갯바위와 따개비는 사실 다른 것이지만 또 한편으로는 같은 것이기도 하다. 모순된 말처럼 보이지만, 실제로 갯바위 위에 따개비는 딱 붙어 있다. 얼핏 한 몸처럼 보일 정도로. 그러니 둘이지만 하나요, 하나이지만 둘이라는 것이다. 부부 역시 마찬가지가 아닐까. 분명 둘이지만 하나님께서 한 몸으로 지내게 하셨듯, 한 몸과 한마음이 되어 지내야 하는 게 부부의 사명이 아닐까.

두 번째는 안성기 씨는 부인과 싸울 때도 손을 잡고 싸운다는 것이다. 아무리 인격이 뛰어난 안성기라지만, 그분도 인간은 인간인지라 부인과 싸우지 않을 수 없을 것이다. 그런데 싸울 때 무조건 손을 잡은 채로 싸운다는 것은 대단한 아이디어가 아닐 수 없었다. 안성기 씨는 그렇게 손을 잡고 싸우면 때릴 수가 없고 싸우는 순간에도 우리가 하나라는 것을 인식하기 때문이라고 했다.

부부라면 누구나 갈등을 겪기 마련이고 싸울 수밖에 없다. 각기 다른 인격이기에 부딪치지 않는다는 것은 말이 안 된다. 그러나 부딪힌 후에 어떻게 해결하느냐에 따라 부부의 삶은 완전히 달라질 수 있다. 그러니 안성기 씨처럼 최대한 행복하게 싸우고 행복하게 마무리할 수 있도록 '미리' 아이디어를 짜 본다면 어떨까?

여담으로, 나는 외국 배우 그레고리 펙을 참 좋아했었다. 거기에 우리나라 배우 안성기를 좋아한다 했더니 코스타 강사로 함께 섬기시는 창조과학회 김명현 교수님이 우리 남편을 안성펙이라고 별명을 지어 주기도 했다. '안성기+그레고리 펙=안성펙.'

아무튼 나에게 있어 안성펙인 우리 남편은 갯바위이자 따개비다. 내가 갯바위일 때는 따개비가 되어 주고, 내가 따개비일 때는 갯바위가 되어 주는 그런 존재다. 그만큼 내가 의지하고 싶을 때는 한없이 의지할 수 있고 남편이 지칠 때는 내가 그 버팀목이 되어 준다.

하나님의
깜짝 이벤트

2015년 5월 5일은 특별한 날이다. 누군가에게는 5월 5일이 어린이날, 혹은 공휴일에 불과하겠지만 우리에게 그날은 결혼기념일이다. 거기에 2015년은 결혼 35주년째 되는 날이다. 어느새 우리가 함께한 지 35년이나 지났다니 참 감사하다.

마침 사역 차 유럽에 방문했을 때 결혼기념일을 맞게 되었는데 그날 마지막 코스로 비엔나에 머물게 되었다. 우리가 비엔나에서 방문한 곳은 특별한 민속 식당이었다. 그 식당은 특별한 이벤트로 악사들이 고객의 출신 나라에 맞는 음악을 연주해 주곤 했다. 그래서 만약 한국 사람이 오면 아리랑이나 애국가, 혹은 고향의 봄과 같은 음악을 연주해 준다. 그러면 듣는 사람은 괜히 설레고 기분이 좋아진다. 자기 나라에서 자기 나라 노래를 들으면 별 감흥이 없지만 외국에서 그 음악을 듣는다고 생각해 보라. 순간 뭉클해지고 감동한다. 아무래도 그런 감동을 주려고 소소하지만 벅찬 이벤트를 늘 준비하는 것 같다.

우리는 식당에 오기 전부터 이에 대한 정보를 미리 알고 있었다. 그래서 우리가 왔으니 어떤 한국 노래가 나올까 궁금했다. 애국가가 나올지, 아리랑이 나올지, 아니면 고향의 봄이 나올지…….

그런데 우리가 오자 바이올린, 아코디언을 들고 있는 악사들이 슈베르트의 '월계꽃'을 연주해 주는 것이었다. 한국 가사로 '방긋 웃는 월계꽃한 송이 피었네 향기로운 월계꽃 힘껏 품에 안고서 너의 고운 얼굴을 어루만져 주었다'로 시작되는 노래인데, 음악책에도 소개된 터라 꽤 유명한 가곡이다.

놀랍게도 그 가곡은 남편이 남이섬에서 나에게 처음으로 불러 준 세레나데였다. 그런데 35주년 결혼기념일에 악사들이 그 가곡을 연주해 주다니! 심지어 출신 국가 노래를 연주해 주는 전례를 깨고서 말이다. 그때 나는 그 연주를 들으면서 하나님의 음성을 느꼈다.

"35년간, 너희 너무 예쁘게 잘 살았다. 사랑의 세레나데를 내가 들려줄게."

이것을 과연 우연이라고 할 수 있을까? 우연이라고 해도 좋다. 하지만 나는 그것을 하나님의 특별한 이벤트로 받아들이지 않을 수 없다. 지금까지 살면서 하나님의 이벤트를 많이 경험했지만 이처럼 깜짝 놀랄 만한 이벤트는 또 없었다.

한편 그 일이 있고 난 후, 오빠에게 이 이야기를 들려주었다. 참고로 오빠는 예수님을 잘 믿지 않는다. 오빠는 어려서부터 유난히 똑똑했는데 그러다 보니 자기 머리로 완벽하게 이해가 되지 않으면 안 믿으려고 한다. 그런데도 종종 내가 '난 아직도 우리 남편이 좋아.' 이렇게 말하면 '너희들은 참 특별하다.'라고 말하곤 했다. 그런 오빠에게 이 이야기를 들려주니 그 똑똑한 오빠가 눈물을 글썽이는 것이었다. 그러면서 또다시 '너희는 정말 특별하다.'며 울먹였다. 그런 오빠를 보며 나도 한마디 거들었다.

"나도 특별한 것 같아. 그런데 나는 하나님이 나에게 왜 이토록 특별하게 해주시는지 그 이유를 모르겠어. 그저 나는 하나님이 너무 좋고 남편이 너무 좋아."

그러자 예수님도 안 믿는 오빠가 결정타를 날렸다.

"그게 하나님 사랑, 이웃 사랑이잖아!"

그렇다. 예수님의 새 계명, 하나님 사랑과 이웃 사랑이 바로 이것 아닌가. 그런데 남편은 가장 가까운 이웃이 아니던가. 하나님 사랑, 이웃 사랑!! 아무쪼록 2015년 5월 5일, 하나님이 주신 결혼 35주년 기념 선물은 너무나 특별했다. 하나님의 특별한 사랑을 받고 있음을 또 다시 한 번 느꼈다. 그리고 꾸준히 사랑하고 꾸준히 보듬어 주는 우리를 보며(특히 이번 이벤트를 보며) 오빠도 하나님에 대해 관심을 가지게 되는 것 같아 더없이 기뻤다. 하나님이 다음에는 또 어떤 깜짝 이벤트를 열어 주실지 벌써부터 기대가 된다. 물론 하나님의 이벤트는 내가 기대한 것, 그 이상이겠지만.

배우자를
고르는 것도
실력이다

첫 부분에서도 언급했던 것처럼 배우자 고르는 것은 인생에 있어 가장 중요한 선택의 순간이 아닐까 생각된다. 이것은 아마 누구나 인정하는 사실일 것이다. 그만큼 저마다 신중하게 배우자를 고르려고 한다. 문제는, 저마다 신중하게 고른다고 하는데 그 고르는 방법은 제각각이라는 사실이다. 심지어 본인은 신중한 방법이라고 하지만 실제로는 신중함과 거리가 먼 경우가 있다. 가령, 어떤 사람은 학벌, 재력, 직업, 집안 등을 너무 따진다. 그러고는 이것을 신중한 것이라고 생각한다. 엄밀히 말해서 그것은 신중한 것이 아니라, 그냥 까다로운 것이다.

물론 학벌이나 직업, 재력을 통해 그 사람이 얼마나 열심히 살아왔는지를 가늠할 수도 있다. 또한 집안을 보며, 그 사람의 라이프스타일이나 가치관 등을 확인할 수 있기도 하다. 그러나 참고 자료가 될 수는 있을지 몰라도 근거 자료가 될 수는 없다. 즉, 그런 요소들로 그 사람의 진가를 파악할 수는 없다는 것이다.

그래서 나 역시도 아들들이 며느리를 고를 때 그런 것들을 묻지도 않았다. 어느 대학을 나왔는지도 아직까지 모른다.

대신 다른 면에서 아들들이 신중하게 고를 수 있도록 가르쳤다. 신중하게 고려해야 할 조건은 두 가지다. 첫째는 '너만큼 하나님을 사랑하느냐?'이고 둘째는 '너를 사랑하고 성격이 좋으냐?'이다. 어쩌면 앞에서 말했던 하나님 사랑, 이웃 사랑과도 같은 맥락일지 모르겠다. 그 많은 율법을 다 대체하고도 남을 정도인 새 계명(하나님 사랑+이웃 사랑)이 결국은 배우자 선택의 기준에서도 활용이 되는 것이다.

이 두 가지면 완벽하다고 보아도 과언이 아니다. 하나님을 사랑하고 경외하면 하나님이 그 인생을 책임져 주실 것이고 인도해 주시지 않겠는가. 또한 거기에 덧붙여 배우자 될 사람을 지극히 사랑하고 인격을 갖추었다면, 실제로 같이 살아감에 있어서도 행복의 기본기를 갖추게 되지 않겠는가. 그러니 두 가지 조건이 굉장히 간단해 보이기는 하지만 실제로는 모든 것을 다 포괄하고 있다고 해도 과언이 아닐 것이다. 간혹 하나님은 사랑하는데 삶이 엉망이면 어떡하느냐고 말하는 사람이 있을 수 있다. 하지만 여기서 말하는 하나님 사랑은 말로만 사랑하는 것이 아닌, 진짜 사랑이다. 만약 하나님을 '정말로' 사랑하는 사람이라면, 그 삶에 있어서도 바르고 성실한 모습이 나타나기 마련이다. 하나님을 사랑하면 하나님이 기뻐하시는 모습을 갖기 위해 노력하고 하나님께 영광이 되는 삶을 살기 위해 애쓰기 때문에 누구보다 인생을 가치 있게 살 수 있는 것이다. 또한 여호와를 아는 것이 지혜의 근본이 아닌가. 하나님을 사랑하는 사람은 하나님께로부터 오는 진짜 지혜로 충만하게 된다.

안타깝게도 요즘 사람들은 너무 따진다. 심지어 따질 필요가 없는 요소들만 계속 따진다. 물질적인 것이나 스펙, 혹은 외모 같은 요소만 따지는 것이다. 그런 식으로 신중함을 가장하여 따지기만 하다 보니 결혼을 더 못한다.

이제 우리는 중요한 것을 보아야 한다. 하나님이 주신 이성으로, 그리고 눈과 마음으로 주목해야 할 것을 주목하며 골라야 한다.

타이타닉호가 침몰한 이후, 명단은 딱 두 줄이었다고 한다.
'구조자인가? 실종자인가?'

초등학교
운동장에
가 봤니?

1997년, 국내 모 기업 회장이 청년부 수련회 강사로 초청된 적이 있었다. 그는 독실한 신앙인으로 잘 알려진 기업가다. 그는 청년부 수련회답게, 청년들이 관심을 가질 만한 내용들에 대해서도 많이 다루었는데, 특히 배우자를 고르는 것에 대한 내용이 기억에 남는다.

그는 청년 시절, 첫사랑에 깊이 빠졌다고 했다. 아마 첫사랑 때문에 가슴앓이하는 것은 대부분 청년들이 가지고 있는 공통분모가 아닐까. 솔직히 나 자신도 그랬으니 말이다. 물론 그는 첫사랑과 결혼에 골인하지 못했다.

그런데 그는 하나님이 다시 지금 아내와 첫사랑의 여인 중 한 명을 택하라고 한다면, 뒤도 안 돌아보고 지금 아내를 선택하겠노라고 했다. 그 냥 아내 기분 좋으라고 하는 말이 아니었다. 이미지 관리 차원에서 한 말도 아니었다. 정말로 아내를 택하겠다는 의지가 절절했다. 그러면서 그는 청년들에게 이런 비유를 들었다.

"여러분, 지금 초등학교 운동장에 한번 가 보세요. 너무 조그마하죠? 그런데 운동장이 줄어든 것인가요? 아니죠. 운동장이 줄어든 것이 아니라, 내가 커 버린 거죠. 그래서 작게 보이는 거예요."

그는 이런 비유를 들며 성숙해지기 전에 짝꿍을 고르는 것은 좋지 않을 수 있다고 말했다. 실제로 그 역시 과거의 첫사랑이 세상에서 가장 완벽하고 아름다운 사람이라고 생각했을 것이다. 그러나 시간이 지나고 자신이 성숙해지고 난 후 보니 그때 생각이 짧았음을 인정하게 된 것이다. 그리고 성숙한 눈으로 고르게 된 지금의 아내가 첫사랑과는 비교도 안될 정도로 훌륭한 여인이자 내 짝임을 알게 된 것이다. 그만큼 이왕이면 제대로 사고할 수 있고 판단할 수 있을 그때, 배우자를 골라야 함을 그는 강조했다.

정말로 성숙해지기 전에는 무엇이 중요한지 잘 모른다. 아무리 열심히 공부하여, 나름 지성인이라 할 수 있는 대학생이 되었다고 해도 사람 보는 눈은 아직 완성되지 않을 수 있다. 마냥 예쁘고 귀여운 여자들만 좋아 보일 수 있고, 키 크고 조각 같은 남자만 멋져 보일 수 있다. 혹은 당장 나를 즐겁게 해주는 재치나 유머감각만 보고 빠져들 수도 있고 순간의 멋진 행동에 매료되어 사랑에 빠질 수도 있다(물론 그것은 진짜 사랑이 아니겠지만). 그렇게 해서 첫사랑이 시작되는 경우가 많다. 그런데 완성되지 않은 눈으로 고른 그 사람이 과연 나에게 맞을까? 그렇지 않다. 그러니 기다리고 신중해져야 한다. 물론 하나님이 첫사랑을 내 짝으로 주신다면 그처럼 좋은 일도 없겠지만, 그런 특수한 경우를 제외하고는 인내하며 기다려야 한다. 당장 내가 푹 빠져 있는 그 사람이 최고의 사람이라고 우기지 말고, 조금 더 성숙한 후에 고를 수 있도록 여유를 가져야 한다. 지금은 마냥 커 보이는 그 사람이, 시간이 지난 후 초등학교 운동장처럼 작아 보일 수 있음을 알아야 한다.

무화과나무에는
푸른 열매가 익었고 포도나무는
꽃을 피워 향기를 토하는구나
나의 사랑, 나의 어여쁜 자야 일어나서 함께 가자
(아 2:13)

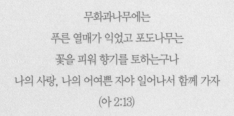

가족은
천국의
또 다른 이름

우리는 부모를 보면서 하나님을 느끼고, 자녀를 보면서 하나님을 배운다.
그렇게 하나님께 받은 사랑을 가족들과 나누면서
가정이란 한 공간을 작은 천국으로 만들어 나간다.
그리고 그런 사랑을 주고받은 가족은
또 다른 곳에서 하나님 나라를 확장시켜 나간다.
Part 4에서는 가정 안에서의 천국 만들기 스토리를 나누게 된다.

철모를 때 받은
신앙 교육,
커서도 제값을 한다

나는 3대째 기독교 집안에서 태어났다. 물론 그때는 하나님을 인격적으로 만나기 전이라, 교회를 그냥 학원 다니듯 다녔다. 학생들이 학원에서 열심히 공부하듯, 나도 열심히 교회를 다녔고 열심히 예배드렸다. 하나님의 사랑을 제대로 체험하지는 못했지만, 그래도 겉보기에는 신앙생활을 잘하는 학생이었다.

거기에 미션스쿨인 인성초등학교를 다녔다. 인성초등학교에서의 생활은 정말 좋았다. 아침마다 수업을 시작하기 전에 예배를 드리곤 했는데, 어린아이들이 나름 경건한 마음가짐으로 예배를 드린 후 본격적으로 수업에 들어갔다. 물론 그 아이들도 하나님을 인격적으로 만나지는 못했을 것이다. 그래서 예배를 드리긴 하지만, 하나님의 임재를 느낀다거나 하나님과 교통하는 경험은 그 가운데서 하지 못했을 것이다. 그러나 다들 최선을 다해 그 예배 시간을 보냈던 것 같다.

그러기에 돌아보면 나의 어린 시절 신앙생활은 껍데기에 불과했는지도 모른다. 하나님과의 진정한 만남 없이 형식적으로 교회를 다니고 숙제하듯이 예배를 드렸으니 말이다. 그런데 중요한 것은, 그런 경험들조차도 너무나 소중했다는 사실이다. 비록 머리로만 말씀을 배우고 입술로만 찬양을 하고 행동으로만 예배하고 기도했을지 모르나, 어린 시절에 배우고 익힌 신앙은 결국 우리에게 보물로 다시 찾아왔기 때문이다. 사실 모태신앙이거나 어릴 적부터 부모에 의해 신앙생활을 하게 되는 경우에는, 처음부터 하나님과의 인격적 만남을 경험하기는 어렵다. 그러니 그 시기에는 형식적으로 신앙생활을 할 수밖에 없다. 하지만 그런 시간을 결코 헛된 시간으로 생각할 필요는 없다. 비록 머리로 배우고 몸으로만 따르는 것이었을지라도 그때 배우고 나누었던 하나님의 말씀은 언젠가는 내 안에서 다시 살아 역사하기 때문이다. 그때는 지식이나 습관으로 익혔을지 모르나, 그렇게라도 익혔기 때문에 그 모든 것이 나에게 영적인 자산으로 남게 되는 것이다. 나 역시 흘려듣기만 했던 과거의 설교 말씀이 나중에 내 안에서 다시 살아 역사했던 경험들을 했다. 그땐 그냥 지식으로, 이야깃거리로만 들었는데, 놀랍게도 그것이 나중에 적재적소에서 나를 살리고 나를 다시 세우는 말씀으로 찾아온 것이다.

결국, 어릴 때 배우고 익히는 신앙교육을 대수롭지 않게 생각해서는 안 된다. 일찍 하나님을 알게 되고 일찍부터 예배의 습관을 갖게 된 것은 너무나 소중한 영적 재산이다. 특히 철모를 때 신앙 교육을 받은 것에는 그만큼 유익이 따르기 마련이다. 내 의지로 신앙생활을 하지 않고 타의로 시작하게 된 신앙생활이지만, 철이 들지 않은 상황에서 받게 되는 만큼 더 자연스럽게 흡수되고 체득되기가 쉽기 때문이다. 그리고 그것이 훗날 놀라운 영향력을 끼치기 때문이다. 실제로 초등학교 동창들을 만나면 다들 이 부분에 대해 공감한다. 특히 어떤 친구는 이런 이야기를 하기도 했다.

"하나님 떠나 봤자 소용없어. 하나님 손바닥 안이야."

아마 미션스쿨을 다녔다지만 형식적으로 신앙생활을 한 만큼 그중에는 자연스럽게 하나님을 멀리한 친구도 있을지 모른다. 그러나 이미 마음에 심겨진 그 말씀이 그를 가만히 두지 못한 것이다. 어릴 때 받은 그 신앙교육은 그의 삶에 실질적인 영향을 미치는 요소가 되어 가고 있었던 것이다. 그래서 결국 하나님께 돌아올 수밖에 없지 않았을까.

그러기에 어릴 때부터 신앙교육을 할 수 있다면 그것은 엄청난 은혜를 입은 것이다. 그 은혜를 놓치지 말고 붙들고 적극 활용해야 한다. 지금 부모의 입장이라면, 자녀를 위해 더 열심히 교육해야 한다. 머리가 굳어지기 전에 말씀을 하나라도 더 주입해야 한다. 분명 그것은 나중에 하나님을 만나는 데에 있어서 귀한 자양분이 될 것이다.

표현하지 않으면
모르는 사랑

첫째 아들, 진우가 수학능력시험을 치를 때의 일이다. 아마 자녀를 키우면서 여러 가지 긴장을 하게 될 일들이 생길 텐데 그중 하나가 수능시험이 아닐까 생각한다. 꼭 열성적으로 시험에 집착하는 것까지는 아니더라도, 자녀의 수능시험 혹은 대학 시험 앞에서 긴장하지 않을 부모는 없다. 나 역시도 신경이 많이 쓰였다. 그런데 당사자인 진우는 오죽했을까.

"진우야. 대학 시험, 그거 아무것도 아니야. 그보다 어려운 것은 군대야. 그런데 그보다 어려운 것은 배우자를 만나는 거야. 그런데 그게 끝이 아니거든? 그보다 어려운 것은 그 사람과 끝까지 잘 사는 거야. 그리고 궁극적으로 더 떨리는 것이 기다리고 있어. 그건 바로 하나님의 심판이야."

장황하게 이야기하긴 했지만 내가 최종적으로 말하고자 했던 것은 이것이다.

"진우야. 그러니까 이번 시험 너무 어렵게 생각하지 마."

하지만 그 말이 잠시나마 위안은 되었을지 몰라도 당장 시험을 보러 가는 진우의 긴장감을 완전히 없애 줄 수는 없었다. 시험 앞에서, 그것도 수능시험 앞에서 떨지 않을 학생이 어디 있겠는가. 나 역시도 대학 시험 앞에서는 얼마나 많이 긴장했는지 모른다.

더 솔직하게 말하면, 수능시험 날, 시험 보러 가는 진우보다 내가 더 떨렸던 것 같다. 그래서 아침에 시험장까지 바래다주지를 못했다. 떨지 말라고 해놓고는 내가 더 떨리는 바람에……. 그렇게 현관에서 마지막 격려를 해준 채 기도만 했고 동생 진석이가 형을 바래다주었다.

그날 아침 한 끼 금식을 하며 기도를 하다가, 문득 이런 생각이 들었다.

'이제 곧 시험이 끝날 텐데 진우를 위해 무엇을 해줄까?'

나는 큰 종이에 두꺼운 매직으로 이렇게 썼다.

'진우야! 수고했다!!!'

그리고 긴 막대기와 테이프를 가지고 지하철을 타고 이촌동에 있는 학교로 갔다. 그리고 벤치에 앉아 준비한 것들로 큰 피켓을 만들었다. 옆에서 픽픽 웃어댔지만 아랑곳하지 않았다.

어느덧 시험 종료를 알리는 소리가 흘러나왔다. 그 소리가 나고 곧이어 수많은 학생들이 밖으로 몰려나왔다. 그 많은 아이들 중에 진우를 찾기 위해서 큰 소리로 불렀다. 물론 피켓을 흔들면서.

"진우야!!! 진우야!!!"

내가 온 줄 모르고 있던 진우는 깜짝 놀랐다. 진우는 나에게로 달려왔고 우리는 서로 꼭 안은 채 울었다.

그다음 날, 진우가 학교에 다녀온 후 피켓에 대한 후일담을 들려주었다. 친구들이 그것을 보고 이렇게 말했다는 것이다.

"너희 엄마 웃기더라."

문제는 그것이 끝이 아니었다는 사실이다. 친구들이 뒤이어서 이런 말을 했다는 것이 아닌가.

"그런데……. 참 부럽더라!"

자칫 우스워 보일 법한 내 사랑 표현 방식이 친구들에게는 부러운 모습이었던 것이다. 그러기에 우스꽝스럽지만 마냥 좋아 보였던 것이 아닐까.

특히 내가 진우에게 그런 표현을 한 이유는 진우가 공부를 잘해서가 아니지 않은가? 그냥 내 자식이기 때문이다. 그 외에는 다른 이유가 없다. '시험 점수가 어떠하든지'와는 아무 상관이 없다. 잘 치렀든, 행여 못 치렀든, 내 자식이어서 그렇게 한 것이다.

사실 자녀가 처음 이 세상에 태어나 어리광을 피울 때는 사랑의 표현도 많이 하고 잘하든 못하든 칭찬해 준다. 그냥 행동 하나하나에 의미를 부여하며 예뻐해 준다. 그러나 시간이 지나면서 표현의 강도는 약해진다. 아니, 표현 자체가 없어지기까지 한다. 게다가 무엇인가를 잘해야 칭찬을 해주고 기대에 부응해야지만 만족스러워 한다. 아기였을 때나 다 자랐을 때나 똑같은 내 자녀인데 왜 표현은 식는 것일까? 왜 점점 칭찬에 조건이 붙는 것일까? 물론 자녀에 대한 사랑은 여전하다고 믿어 의심치 않는다. 다만 시간이 흐를수록 표현을 안 하는 것이 안타까울 뿐이다. 사랑하는데도 표현하지 않는 것은 나중에 두고두고 후회할 일이기에 더욱 안타까울 뿐이다.

꼭 자녀와의 관계에서만이 아니다. 나는 며느리와도 포옹을 한다. 처음에는 조금 어색해하던 며느리들도 요즘은 잘 안긴다. 이렇게 사랑을 표현하는 것이 아름다운 습관으로 정착되니, 더 사랑하고 더 아낄 수밖에 없게 되었다. 그러기에 표현해야 한다. 표현할 수 있을 때 마음껏, 실컷 표현해야 한다. 사랑하면 표현할 수밖에 없고 표현하는 만큼 사랑을 느낄 수 있다는 이 원리를 잊지 말자.

부모를 보면서
하나님을
느낄 수 있다

　감격스러운 포옹으로 마무리된 진우의 수능시험 날 이후, 진우는 장신대 기독교교육학과에 원서를 넣게 되었다. 그리고 면접날, 교수님 중 한분이 진우에게 이런 질문을 하셨다고 한다. "아버지에 대해 어떻게 생각하나?"

　진우는 자기가 평소에 아버지에 대해 생각하던 바가 있었는지, 조금도 머뭇거리지 않고 바로 대답했다.

　"저는 아빠가 무학교회 목사님이기 전에 제 아빠라서 좋아요. 그리고 아빠를 보면서 하나님을 느낄 수 있었어요."

　면접 당시 일화를 그날 저녁에 전해 들었는데 눈물이 났다. 나는 그때 진우가 대학에 떨어진대도 조금도 아쉽지 않을 것 같았다.

성공적인 자식농사란 무엇인가? 자녀가 좋은 대학에 들어가고 좋은 직장에 들어가는 것이 성공적인 자식농사가 아니라, 부모를 진심으로 존경하고 좋아할 수 있게 하는 것이 진짜 제대로 된 자식농사가 아닐까? 자녀가 부모를 그 존재 자체로 좋아할 수 있다는 것, 부모의 지위가 아닌 부모의 삶을 본받고 싶어 하는 것, 이것보다 더 보람된 일이 있을까?

더 나아가 부모를 보면서 하나님을 느낄 수 있었다면 이것보다 더 감사한 일이 있을까? 사실 어린 자녀에게 하나님은 조금 멀게 다가올 수 있다. 하나님을 믿는다고는 해도, 하나님이 어떤 분이신지 확실하게 체감되기 어려울 수 있다. 그러나 부모의 사랑을 제대로 느끼고 부모의 모습 속에서 위대한 가치를 발견한다면, 하나님에 대해 간접적으로 경험하게 될 수 있으리라 믿는다. 나에게 희생적인 사랑을 베풀어 주고, 언제나 나를 용납해 주고, 나의 성장을 위해서라면 어떤 것도 마다않는 그런 모습이 또 다른 아버지이신 하나님의 모습과 매치될 수 있을 테니 말이다.

나는 분명 확신한다. 진우 역시 아버지를 보면서 하나님을 배울 수 있었을 것이라고. 분명 그랬기 때문에 아버지가 가던 길을 뒤따라가고 싶어 했을 것이다. 그리고 그런 이유로 면접에서도 그런 말을 서슴없이 할 수 있었으리라 생각한다. 또한 이제는 자신도 그런 부모가 되기 위해 노력할 것이라 믿는다.

'만약 자녀들이 부모를 선택할 수 있었다면 당신은 선택되었을까요?'

천국 가는 데
지장 없으면
뭐든지 해라

　현재 첫째 아들 진우는 상도교회 부목사로, 둘째 아들 진석이는 금호
연풍교회 전도사로 사역하고 있다. 진우가 처음 아빠 뒤를 이어 목회자
가 되겠다고 한 것은 고등학교 2학년 때였다. 당시 진우는 나름 범생이
었다. 꼭 고득점은 아니더라도 자신이 받아야 할 점수를 받기 위해 꾸준
히 노력하는 스타일이었다. '딱 알맞게' 공부한다고나 할까? 그러고 보면
나를 많이 닮은 것 같기도 하다. 나는 만약 운전면허 시험을 치르는데 합
격점수가 80점이라면 82점 정도를 맞을 수 있도록 공부한다. 그런데 진
우가 딱 그랬다.

　그런데 진석이는 조금 달랐다. 솔직히 말해서 먹고 노는 비중이 더 컸

다. 아무리 내가 진석이를 좋아하고 사랑하고 예뻐라 한다지만, 한편으로는 걱정이 되기도 했다.

'얜 커서 뭐가 될까?'

그런데 이런 두 아들을 보면서 남편이 내리는 평가는 남달랐다. 우선 나름 성실하게 공부하고 숙제를 잘하는 진우에게는 늘 이렇게 말해 주었다.

"넌 잘 될 거야."

그리고 먹고 노는 진석이한테는 이렇게 말해 주었다.

"넌 크게 될 거야."

아빠의 그런 평가를 들으며 우리 애들은 참 잘 자라 주었다. 그런 진석이에게 꿈이 생겼다. 그것도 입시에 매달려야 할 고3이 시작되면서 생긴 꿈이었다. 물론 이전부터 간절히 소망해 오던 것을 그제야 우리에게 털어놓은 것일 수도 있다. 그가 바라고 바랐던 소원은 드럼을 치고 싶다는 것이었다. 그런데 자기 딴에는 소중한 자신의 꿈이 아버지에게 걸림돌이 되지는 않을까 걱정이 되었었나 보다. 그래서 한참을 망설였고 그 망설임 끝에 이렇게 어렵사리 털어놓은 것이다.

"아들이 드럼이나 친다고 장로님들이 뭐라 하시면 어떡해요?"

이런 걱정을 덧붙이면서.

밝고 씩씩하게 자란 진석이는 사실 누군가의 눈치를 보거나 위축될 아이가 아니다. 그런 아이가 이런 말을 하는 것을 보고 한편으로는 너무 안쓰럽기도 했다. 자기가 하고 싶으면 그냥 하면 되는데 부모의 입장을 생각하느라 고민하고 있었다니……. 나는 대번에 이렇게 대답했다.

"그런 소리 하지 마. 천국 가는 데 지장 없으면 뭐든지 해."

결국 진석이는 드럼을 정말 열심히 쳤다. 삼수해서 드럼 전공으로 들어갈 정도로 그 꿈을 놓치지 않았다. 물론 결국에는 주의 종으로 부르심을 받아 지금은 사역자의 길로 들어섰지만.

한편 내가 그때 한 말은 평소에 내가 지켜 오던 자녀 교육의 중요한 모토이기도 하다. 부모의 욕심을 생각한다면 고민하고 따질 것이 너무 많지만, 저 원리 하나만을 생각하면 더 고민할 것이 없다. 천국 가는 데 지장 없으면 무엇이든지 해라! 이처럼 명쾌하고 단순한 원리가 또 어디 있단 말인가?

한집에
목사 셋은
있어야지

진석이는 소원대로 드럼을 전공했고 자신의 전공을 살려 나름의 음악 사역을 시작했다. 특히 강남금식기도원에서 드럼으로 반주를 하면서 새로운 경험들을 많이 접하게 되었다. 특히 그 안에서 펼쳐지는 영적인 세계를 보면서 하나님이 펼치시는 역사가 자신이 생각한 것 그 이상임을 깨닫게 되었다. 그 세계 안에서 나름의 간증 거리도 쌓아갔다. 비록 자신이 직접 체험한 것은 아니지만 기도원에서 펼쳐지는 기적의 현장들을 보며 간접적인 간증 거리를 간직하게 되었다. 그래서 종종 이런 말을 하기도 했다.

"아기 없으면 3일 금식하면 다 주시던데."

"암 걸리면 기도원 가서 담판 보면 되겠어."

그렇게 순복음의 영성을 덧입기 시작했다.

그런데 자기 나름의 사명감을 가지고 드럼에 심취해 있던 진석이가 결국 아빠처럼, 형처럼 주의 종의 길로 들어서게 되었다. 물론 그 길을 가기까지는 많은 우여곡절이 있었다. 처음에 이 길이 하나님이 정하신 길인지를 생각하게 된 것은 부흥강사로 오신 목사님들의 기도 때문이었다. 나는 목사님들이 부흥강사로 오시면 아이들과 함께 안수 기도를 받곤 했는데, 오시는 강사님마다 진석이도 형처럼 주의 종으로 부르셨다고 말씀하시는 것이 아닌가? 그럴 때마다 나는 "진석이는 드럼 전공이고요, 큰아들 진우만 신대원에 다니고 있어요."라고 말씀드리곤 했다.

그런데 "아니에요. 사모님. 강하게 주의 종으로 부르시는데요?"라고 명확하게 말씀하시는 부흥강사님이 계셨다. 하지만 그런 말씀을 듣고도 진석이는 자신이 생각했던 원래의 길을 가려고 했다. 농담으로 '한집에 목사 둘이면 되지 셋까지는 필요 없어.'라고 말하기도 했다.

그런데 로렌 커닝햄 목사님이 인도하시는 세미나에서 또다시 그 말씀을 듣게 되었다. 진석이를 안수하시면서 이전에 다른 목사님이 하셨던 그 말씀을 동일하게 전해주셨다. 특히 하나님이 원하시는 길을 되도록 빨리 가면 좋다는 말씀까지 덧붙이셨다. 한마디로 거부하지 말라는 것이다.

하지만 그 후로도 진석이의 마음에는 변화가 없었다. 물론 목사의 길을 싫어해서 그런 것은 아니다. 그 역시 아버지의 모습을 동경하고 존경

했기 때문에 목사의 길을 선망해 왔다. 다만 자신이 감히 갈 수 있는 길이 아니라 생각했기 때문에 자신과는 별개로 여겼던 것이다.

한편 하나님은 진석이를 주의 종으로 세우시기 위해 포기하지 않으셨다. 한번은 진석이가 고속도로에서 교통사고가 크게 났는데 기적적으로 하나도 안 다쳤다. 타이어 하나가 날아갈 정도로 심각한 상황이었는데 정작 그는 하나도 다치지 않은 것이다. 그때 진석이가 얼른 하늘을 쳐다보며 대답했다.

"하나님. 할게요."

아무래도 그 사고를 하나님의 마지막 경고이자 싸인으로 받아들인 모양이다. 그리고는 본격적으로 이 길을 가기 위해 공부를 시작했다. 그런데 진석이는 입시를 다시 준비하는 과정에서 『천국에 다녀온 소년』(Heaven is for real)이란 책을 접하게 되었다. 그리고 그 책을 보면서 천국을 제대로 믿게 되었다. 물론 이전까지도 믿는다고는 했지만, 그 믿음이 현실에 절대적인 영향을 미칠 정도는 아니었던 것 같다. 그런데 이 책을 통해 천국에 대해 실감하고 나서 주의 종으로서의 사명을 더 강력하게 품게 되었다. 직전까지는 교통사고라는 하나님의 싸인에 의해 반강제적으로 그 길을 가겠노라고 했다면, 이제는 자신 스스로가 그 길을 가겠다고 한 것이다. 그래서 어떤 고생을 하더라도 무조건 이 길을 가겠노라고 선포했다. 또한, 얼마나 때가 급하고 악하면 자기 같은 사람을 부르시겠냐며, 스스로가 그 길을 가기 위해 집중하기 시작했다.

더 놀라운 것은 그 선포가 말로 끝나지 않고 행동으로 이어졌다는 사실이다. 진석이는 이후에 한 달에 한 번씩 사흘 금식을 하기까지 했다. 그것도 1년이 넘게. 그 모습을 보면서 그가 이 길에 대해 얼마나 강력하게 결단했는지를 알 수 있었다. 그리고 우리 가족 역시 영적으로 재무장하는 계기를 마련하게 되었다. 어찌 보면 사역자의 반열에 막차를 타고 등장을 했지만, 오히려 우리가 새롭게 도약하는 데에 견인차 역할을 하게 된 것이다.

하나님은 말씀으로
가족에게 텔레파시를
보내신다

큰아들 진우가 수련회에 갔을 때 담당 전도사의 지시에 따라, 찬물 속에 오랫동안 버티면서 서로 물을 끼얹게 된 적이 있었다. 사실 물이 너무 차갑다 싶으면 말을 했으면 될 텐데, 진우는 무조건 버텨야만 한다고 생각했던 모양이다. 나중에 알고 보니 찬물에 오래 있었던 것이 꽤 위험한 일이었다고 한다. 아니나 다를까 이후 혈압이 높아져 심한 두통 때문에 고생해야 했다. 심지어 군대에 갈 수 없는 상황에까지 이르게 되었다.

그런 진우가 군대에 가겠다며 혈압약을 먹었다. 약을 먹었으니 혈압이 정상으로 나올 수 있었고 기어코 군대에 갔다. 물론 대한민국의 아들로서 군대에 가는 것은 마땅하지만 군대 가는 아들 앞에서 마음 졸이지 않을 부모가 어디 있을까? 그러기에 나 역시도 혈압이 높은 것은 너무 슬픈 일이지만 그 핑계로 군대라도 면제받게 되면 좋겠다는 생각을 했다. 부끄러운 이야기이지만 정말 그랬다. 그런데 두통 때문에 고생은 고생대로 하고, 군대는 그대로 가겠다고 하니 참 안쓰러웠다. 남 같으면 장하다고 무조건 칭찬했겠지만 아들이 그러니 안타까운 마음이었다. 칭찬해야 하는데 솔직히 속상한 마음이 더 컸다.

대신 계속 기도했다. 군종으로 빠지게 해달라고. 어차피 목회할 아이이니 군대에서부터 군종병으로 지낸다면 얼마나 좋겠는가? 그렇게 군에 입대한 후 얼마 지나 토요일에 전화가 왔다.

"엄마, 우리 소대에서 내가 제일 점수 높아!"

아니, 진우 같은 몸치가 점수가 제일 높다니, 이상했다. 알고 보니 진우가 나를 닮아 유난히 대답을 잘하는데, 대답을 하도 시원시원하게 잘해서 점수가 제일 높다는 것이 아닌가. 대답도 잘하고 점수도 높아 특전사로 차출되었다고 한다. 군대 안 가도 될 정도로 아팠던 아이를 그렇게 보냈는데 특전사라니……. 아마 진우도 이렇게까지 되리라고는 예상하지 못했을 것이다.

"엄마……. 나 특전사래……."

본인도 얼마나 당황스러웠을까. 무엇보다 걱정이 되었던 것은 특전사는 낙하산을 타야 하기 때문이었다. 그것은 보통 어려운 일이 아니었다. 보통 사람에게도 어려운 일이라면 몸치인 진우에게는 더 어려운 일이었다. 그때부터 나는 울면서 기도했다.

그리고 드디어 낙하산을 타는 날이 다가왔다. 그런데 하필 우리는 그때 중국 백두산에 와 있었다. 사역이라 일정을 옮길 수도 없어서 불안한 마음을 한편에 둔 채 중국에 머무르고 있었다. 그런데 그 불안한 마음에 불을 한껏 지핀 분이 계셨다. 그곳에 계시던 군목 사모님이 낙하산 타다가 병신 된 사람 많다면서 불안감을 한껏 고조되도록 부추기는 것이었다. 물론 걱정해 주는 차원에서 한 말이라는 것은 안다. 그러나 걱정이라고 생각하며 고마워하기에는 너무 끔찍한 말이었다. 나름 마음을 안정시키고 있었는데 그 말을 듣자 심란해져 막 울었다.

하지만 그렇게 불안해하는 나를 하나님이 그냥 두실 리 없다. 사람들은 더 불안하게 만들지 몰라도 하나님은 평안을 들고 오신다. 특히 그 불안이 육적인 차원의 불안이 아니라, 자녀를 걱정하는 불안임을 아셨기에 더 불쌍히 여기셨는지도 모른다. 전자였으면 정신 차리라며 따끔하게 혼낼 법도 하셨을 텐데 그때는 정말로 위로에 위로를 더하시려고 다가와 주셨다.

그날 하나님이 내게 주신 평안의 말씀은 시편 94편 18절 말씀이었다.

여호와여 나의 발이 미끄러진다고 말할 때에 주의 인자하심이 나를 붙드셨사오며

하나님은 왜 그렇게 나에게 필요한 말씀을 똑 떨어지게 주시는지……. 매번 놀라지만 그때도 놀라지 않을 수 없었다. 하나님은 그 말씀

으로 나의 불안을 그대로 거두어 가셨다.

"진우의 발이 미끄러진다고 말할 때 내가 나의 인자함으로 진우를 붙들어 줄게."

이렇게 직접 말씀하시는데 무엇이 걱정된단 말인가? 신기하게 염려, 근심, 걱정, 불안, 두려움 5종 세트가 그대로 사라졌다. 나는 얼른 그 말씀을 진우에게 그대로 전달했다.

"진우야. 오늘 말씀이야. 네 발이 미끄러질 것 같을 때 말씀을 의지해."

보통 낙하하다가 다치는 이유는 착지를 잘못해서라고 한다. 그러기에 이 말씀은 그 상황에 딱 떨어지는 말씀이었다. 진우도 그 말씀을 듣고 위안이 되었는지 성공적으로 첫 낙하를 할 수 있었다. 화, 수, 목, 금요일, 총 4번을 뛰게 되어 있었는데 첫날 잘 뛰어내렸다는 소식을 듣자, 함께 있던 성도들도 "와!" 하며 함께 기뻐했다. 그렇게 첫날도, 둘째 날도, 셋째 날도 잘 뛰었다. 물론 하나님도 진우와 함께 뛰셨을 거라 확신한다.

그런데 마지막 날, 큰아들 안부만 매번 묻는 것 같아 작은아들 진석이에게 미안한 마음이 들었다. 그래서 마지막 날에는 진석이 안부부터 물었다. 그런데 진석이 말을 듣고 덜컹했다.

"엄마. 나 오늘 금식했어."

먹는 것을 그토록 좋아하는 아이가 금식했단다. 그때는 사역자의 길을 가기 위해 사흘 금식을 지속하기 전의 상황이다. 그래서 더 놀랐다.

"어제 형이랑 통화했는데 형이 '나 무서워' 하면서 우는 거야."

알고 보니 마지막 날은 군장을 20kg씩 메고 800m를 뛰어내린다는 것이다. 그냥 뛰어내리는 것도 무서운데 그 무거운 군장을 메고 뛰다니. 그 말을 하며 우는 형을 보고는 동생 진석이가 금식을 했다는 것이다. 나는 진우도 진우지만, 진석이 때문에 더 울었다. 그냥 기쁨의 눈물이 막 나왔다. 형을 위해 좋아하는 음식을 포기하고 온종일 기도로 매달렸다니. 그냥 기도만 할 수도 있는데 얼마나 간절했으면 금식을 했을까.

다행히 하나님은 마지막 날도 잘 뛰어내릴 수 있게 하셨다. 후일담으로, 낙하산에서 뛰어내릴 때의 상황에 대해 자세히 듣게 된 적이 있는데 뛸 때 처음부터 낙하산이 펴지는 것은 아니라고 한다. 그야말로 아주 잠깐의 시간 동안은 아무것도 의지하지 않은 채 허공에 떠 있는 것이다. 그런데 바로 그때 이렇게 외친다고 한다.

"일만! 이만! 삼만!"

하나, 둘, 셋도 아니고 일만, 이만, 삼만이라니……. 생뚱맞아 보이지만 그 이유를 듣고 나니 고개가 절로 끄덕여졌다. 일만, 이만, 삼만은 발음이 '엄마, 엄마'와 비슷하기 때문이란다. 그래서 그 구호를 외치면 자신도 모르게 평안함이 찾아온다고 한다. 정말 자녀에게는 엄마라는 소리 자체가 그렇게 특별한가 보다.

그렇게 공포를 이겨 내고 진우는 낙하산을 끝까지 잘 탔고 특전사 훈련을 잘 마친 후 제대했다. 심지어 몸치였음에도 착지를 제일 잘한 특전사가 되어 칭찬을 받을 정도였다. 진우는 종종 그때의 훈련이 주의 종의 훈련이나 다름없다고 회고하곤 한다. 그때는 정말 아무도 의지할 사람이 없기 때문이다. 엄마라고 부르긴 하지만, 실질적으로 엄마가 도와줄 수 있는 것은 아무것도 없다. 정말로 의지할 수 있는 분은 하나님뿐이다. 그래서 오직 하나님만 의지할 수밖에 없는 상황을 제대로 경험했다고 고백했다.

특히 낙하 외에도, 진우는 군 생활을 하면서 교관들이 시키는 것을 그대로 순종하는 아이였다. 아니, 진우는 늘 어디서든 순종부터 하는 아이였다. 찬물에서도 춥다는 말도 못 하고 있을 정도였으니……. 그런데 무조건 순종하는 그 귀한 버릇이 사역할 때도 큰 도움이 되었던 것 같다. 하나님 앞에서는 무조건 순종하는 것보다 지혜로운 모습은 없으니 말이다.

한편 나는 그 시절의 기억을 떠올릴 때마다, 성공적으로 낙하훈련을 마치게 하신 것도 중요하지만 그보다 기도로 가족을 뭉치게 하신 은혜에 더 감사드린다. 한 명은 군대 실전 훈련 현장 앞에서, 두 명은 중국 백두산에서, 한 명은 집에서……. 그 거리는 너무나 멀지만 영적으로는 한곳에 있었다. 그것도 손을 맞잡은 채로 말이다. 그리고 몸은 떨어져 있어도 영은 하나가 되어 함께 기도하고 있었다. 그 가운데서 하나님은 말씀으로 텔레파시를 보내사 서로의 손을 더욱 꽉 잡을 수 있게 하셨고 특히 진석이는 진우를 위해 금식이라는 어려운 결정까지 하게 하셨다. 이 역시 하나님이 보내신 영적 텔레파시에 반응한 것이다. 아마 앞으로도 우리 가정에 위기가 찾아올 때 하나님은 외면하지 않으실 것이다. 그 위기 앞에서 가족이 말씀과 기도로 더 하나가 될 수 있도록 텔레파시를 계속 보내실 것이고 그것으로 더 뭉칠 수 있게 하실 것이다.

천국 가면
우리 집 같을 거야

우리 집의 경우, 둘째인 진석이가 형보다 먼저 결혼을 하게 되었다. 나 역시도 아들을 처음으로 장가보내는 상황이라 감사함과 설렘으로 가득한 채 결혼 준비를 했다. 그런데 당사자인 진석이는 오죽했을까? 사랑스러운 신부와 새로운 가정을 꾸릴 생각에 마냥 행복했을 것이다. 그런데 결혼하기 며칠 전, 나도 모르게 진석이에게 이런 질문을 하게 되었다.

"진석아. 낼모레 예수님 오셔도 좋아?"

진석이의 대답이 궁금했다. 그래도 조금 있으면 꿈에 그리던 결혼식인데 결혼을 코앞에 두고 예수님이 오신다면 어떨까? 그런데 진석이의 대답은 너무나 간결했다.

"그러엄."

너무나도 당연하다는 듯이 그렇게 대답했다. 아무리 기다리고 기다리던 결혼이라지만 예수님 오시는 것과는 비교할 수 없었던 모양이다. 물론 예수님이 오시면 사랑하는 신부도 함께 예수님을 맞이할 테지만.

나는 그의 짧은 대답을 듣고 마냥 흐뭇했다. 그냥 이거면 되었다 싶었다. 사실 내가 그 대답을 듣고 더 감사할 수 있었던 것은 내가 천국을 확실하게 믿기까지도 꽤 오랜 시간이 걸렸기 때문이었다. 누군가에게는 천국이 쉽게 믿어질지 몰라도 완악했던 나는 도무지 믿어지지 않았다. 있는 것 같긴 해도 나와는 상관없어 보이는 그런 곳이었다. 그런데 천국을 믿고 나니 놀랍게도 아이들도 천국을 믿기 시작했다. 엄마가 천국에 대해 기쁨 속에 있으니 그 기쁨을 나누어 갖고도 남음이 있었다. 그러면서도 나는 과거의 나를 생각하며 잠시 자녀를 의심했던 모양이다. 이 아이가 예수님 오시는 것과 코앞에 다가온 결혼 중 하나를 선택하라면 무엇을 선택할지 걱정이 조금 되었다고나 할까? 그런데 '혹시나' 했지만 '역시나'였다. 그에게는 여전히 천국에 대한 소망이 있었다. 특히 주의 종으로 부름을 받고 난 후, 더욱 천국에 대한 소망이 확실해졌다.

이제 작은아들 진석이가 벌써 결혼한 지 8년 차가 되었다. 그리고 2년 후에 결혼한 큰아들 진우도 6년 차가 된다. 같이 살지는 않지만 나는 그들의 가정이 또 하나의 천국을 이루고 있을 거라 믿는다. 특히 진우와 진석이는 결혼한 지 한참 지났는데도 단 하루도 빠짐없이 매일 전화를 한다. 그렇게 통화를 하고 있노라면 휴대전화 너머로 들려오는 그 작은 천국의 모습이 그려진다. 나는 그런 모습이 너무 고마워 결혼기념일이 되면 꼭 축하를 해준다. 물론 마음만이 아닌 봉투에도 사랑을 담아서……. 아들들뿐만이 아니라, 며느리들에게도 너무 고맙기 때문이다. 아니 우리 며느리들은 아들들보다 더 고마운 존재다. 잘 살아줘서 고맙고 앞으로도 잘 살아줄 것이기에 고맙다. 미리 고마워해도 아깝지 않을 그런 아이들이다. 한편 결혼 후에도 매일 전화를 할 수 있었던 데에는 중요한 이유가 있다. 이것은 하루아침에 그냥 이루어진 것이 아니다. 우리 네 식구는 자기 전에 매일 가정예배를 드렸다. 지금도 남편과 나는 꾸준히 가정예배를 드리고 있다. 짧게라도 반드시 드린다.

그런데 우리에게 가정예배는 형식이나 의식 그 이상의 것이었으며, 가족 간에 하나가 되게 하는 그런 장이었다. 하나님이 우리 가정에 원하시는 것은 일차적으로 가족 간의 화목임을 잘 알았기에, 그런 모습을 하나님께 보여 드리고자 했다. 그래서 기도하고 찬송하고 말씀도 나누지만, 그 외에도 자연스러운 나눔을 가지면서 예배를 드렸다. 특히 나눔의 시간에, 간증 거리가 될 만한 나눔만을 공유한 것은 아니다. 우리는 좋았던 것만이 아니라, 속상했던 것, 짜증 났던 것도 솔직하게 다 털어놓곤 했다. 솔직히 그런 것들이 더 은혜가 되었다. 그런 이야기를 들으면 한 번이라도 더 위로해 줄 수 있고 신경 써 줄 수 있기 때문이다. 가족이 화합할 작은 기회를 만들어 주기 때문이다. 가령 누군가가 어떤 친구 때문에 속상했다고 하면, 자녀의 마음이 확 풀릴 수 있도록 내가 대신 욕을 하며 시원하게 위로해 주었다.

특히 이렇게 가정예배 등을 통해 특별한 나눔을 이어 가다 보니, 우리는 가족 간에도 재미있는 대화를 많이 할 수 있었다. 자칫 삭막해지기 쉬운 사춘기 시기에도 우리의 대화는 늘 재미있었다. 그래서 그런지 자녀들은 간식을 먹으며 가정예배를 드리다가 이런 이야기를 한 적도 있다.

"천국 가면 아마도 우리 집 같을 거야. 그치?"

한때 천국을 못 믿던 내가 아이들로부터 이런 말을 들을 수 있다는 게 믿기지 않았다. 천국을 부정하던 내가 이미 천국 안에서 살고 있었다니……. 일상에서 이미 하나님 나라를 체험하고 있었다니……. 그리고 그것을 자녀들도 느끼고 있었다니……. 그 이후로도 내가 강의하러 갈 때면 아이들은 이렇게 얘기하곤 한다.

"가서 그냥 우리 집 이야기 해."

아이들은 이미 천국이 가장 가까이에 있음을 체험했기 때문에 당당하게 저 이야기를 할 수 있었던 것이 아닐까.

한번은 재미난 대화를 나눈 적이 있었다. 밥을 먹고 있는데 진석이가 나중에 선교사가 되겠다는 것이었다. 솔직히 진우는 영어를 잘하지만 진석이는 형에 비해 잘하지 못한다. 그래서 우리는 선교사 하려면 영어 공부 열심히 해야 한다면서 웃었다. 그런데 진석이는 우리가 예상치 못한 대답으로 얼른 받아쳤다.

"북한 선교사 하면 되지!"

그 말을 듣고 있는데 얼마나 웃음이 나오던지……. 선교는 가고 싶은데 영어는 하기 싫고……. 그래서 생각해 낸 것이 북한 선교라니……. 그것을 진지하게 이야기하는 진석이 모습이 더 웃겼다. 그런데 진우가 이에 질세라 얼른 이렇게 말했다.

"야. 북한 선교가려면 살부터 빼야 해. 너 그렇게 갔다가는 돌 맞아."

나는 진우 말에 다시 한번 빵 터졌다. 요즘 말대로 하면, 팩트 폭격이 아닌가. 두 아이의 대화를 듣는데 너무 재밌었다. 그리고 너무 좋았다. 그런 대화를 자유롭게 나누며 화기애애한 모습이 아직도 선하다. 그렇게 가정예배와 자연스러운 나눔이 이어지다 보니 우리 집에서는 참 재미난 대화가 많이 오고 갔다. 그것이 다시 선순환되어 각자에게 활력소를 제공해 주기도 했다.

그래서 나는 이런 농담 섞인 나눔조차도 예배의 한 모습이자, 하늘나라의 단면이라고 생각한다. 그 안에 하나님이 주신 기쁨이 있다면, 분명 그 자리는 천국의 자리라고 할 수 있지 않을까?

물론 가정천국에는 웃음과 재미만 있는 것은 아니다. 때로는 진지함과 깊이도 있다. 하나님이 그 가정을 이끄시다 보니 하나님을 더 깊이 묵상하게 되고 그만큼 더 성숙해질 수 있는 것이다. 이와 관련해서 내가 크게 감동을 받았던 적이 있었는데 그때 진우는 고2, 진석이는 고1이었다. 그런데 그 시기, 우리 교회는 굉장히 어려운 문제를 겪고 있었다. 중요한 결정을 앞두고 교인들의 의견이 갈라지는 초유의 사태를 맞이하게 되었다. 남편이 어떤 의견을 내려고 해도 반대 의견이 거셀 것을 알기에 망설이고 있었던 시기였다. 그때는 정말 '벼랑 끝에 서 있구나.' 싶을 정도였다.

하루는 이 상황을 알게 된 진우와 진석이가 우리에게 왔다. 아이들은 이미 아빠, 엄마가 얼마나 힘들어하는지 다 알고 있는 듯했다. 그런데 아이들이 하는 말 한마디에 모든 상황이 역전되었다.

"우리는 어디서든 행복하게 살 수 있고 대학 안 가도 되니까 아빠가 기도하시고 소신껏 결정하세요."

고등학생이라지만 나에게는 여전히 어린 아들이 아닌가? 아직 아이 같기만 한 아이들이 너무 커 보였다. 그리고 너무 든든했다. 하나님이 그들을 통해 힘을 주시고 위로하시는 것 같았다. 그 말을 듣는데 나도 모르게 눈물이 터졌다. 어디 나뿐이겠는가? 남편도 그 말을 듣고 힘을 얻었다. 그리고 중요한 결단을 내렸고, 소신껏 결정했다. 아마도 이전까지는 소신껏 결정하고 싶어도 가족들을 생각해서 더 망설였는지 모른다. 그런데 가장 걱정되었던 자녀가 소신껏 하라고 밀어주는데 더 이상 무슨 걱정이란 말인가? 이것이 하나님의 메시지라 생각하고 결단한 대로 나갔다.

놀랍게도 교회를 떠날 각오까지 하고 소신껏 결정을 내렸는데 그 일을 계기로 더욱 신뢰를 받게 되었다. 사람의 눈치를 보지 않고 하나님만 신뢰하니 사람들로부터 더 큰 신뢰를 얻게 된 것이다. 거기에 리더십도 더 생겼다.

이렇게 가정이 천국이 되면 자녀를 통해서라도 하나님을 더 알아 가게 된다. 부모가 자녀에게 하나님을 가르쳐 주는 것이 아니라, 때로는 자녀가 부모에게 하나님을 가르쳐 줄 수 있게 되는 것이다. 그리고 그 과정을 통해 사면초가의 상황에서도 구원을 경험하게 된다. 우리가 바로 그것을 경험했다. 그리고 그 안에서 다시금 가정천국의 진가를 맛보았다.

하나님을 보면서
아버지를 느낄 수 있다

지금 이 세상에 내 육신의 아버지는 계시지 않다. 돌아가신 지 오래다. 그런데 신기하게 나는 아직도 아버지를 느낀다. 단순하게 그리워서 느끼는 차원이 아니라, 실제로 아버지와 대면하는 듯한 경험을 하고 있다. 바로 하나님 아버지와 인격적으로 만날 때 그렇다. 분명 나는 하나님과 대화하고 소통하고 있는데, 그 가운데서 육신의 아버지가 자꾸만 느껴진다. 아버지의 얼굴이 떠오르고 아버지의 모습이 떠오르고 아버지의 사랑이 느껴진다. 그래서 하나님이 더 가깝게 느껴진다. 그리고 하나님과 인격적으로 만날 때면 하나님을 '하나님 아버지'라고 부른다. 이 세상에서 가장 따뜻한 그 이름, '아버지'라는 호칭을 붙여 드리는 것이다.

그만큼 아버지는 나에게 참 좋으신 분이었다. 하나님 아버지가 좋으셨듯, 육신의 아버지도 너무나 좋았다. 100점 만점에 98점을 줄 수 있을 정도로.

아버지에 대한 나의 추억은 유난히 따뜻하고 정겹다. 나는 그 옛날에도 아버지와 친구처럼 지냈다. 보통 과거에는 엄한 아버지가 대세였는데 나에게 있어 아버지는 세상 편한 그런 분이었다. 그 시절에도 아버지에게 반말을 썼고 팔을 바닥에 대고 있으면 중간 부분을 툭 쳐서 엎어지게 만들기도 했다. 이 모든 것이 버릇없는 게 아니라 깜찍하고 귀엽고 정겨운 장난으로 통했으니, 어느 정도로 친했는지 짐작할 수 있을 것이다. 특히 나는 더욱 귀여움 받을 수 있었던 것이 7남매 중, 여섯 번째였고 딸 중에서는 막내였다. 눈에 넣어도 안 아프다는 막내딸이니 얼마나 귀여워하셨을까? 거기에 나는 아버지와 판박이다. 외모는 물론 성격도 똑같다. 그러니 아버지는 자신의 미니미인 나를 진짜 예뻐해 주셨다(남들은 내가 좀 '통통하다'라고 했지만 우리 아버지는 언제나 "경숙아. 네가 스탠다드란다."라고 하시곤 했다).

5학년 때인가. 몸에 종기가 났던 적이 있었다. 종기는 그냥 두면 잘 모르지만 터지는 순간 고통스럽다. 그러기에 강제로 터트리지 않고 잘 견뎌야 한다. 그런데 사촌 형제들과 놀다가 종기가 터져 버렸다. 어릴 적부터 남자아이들과 노는 것을 좋아했기에 사촌 형제들과 더 많이 놀곤 했는데, 얼마나 과격하게 놀았는지 그것이 터져 버리고 만 것이다. 정말 눈물이 날 정도로 아팠다. 초등학교 5학년이면 그래도 아픈 것을 참을 만한 나이인데, 그 나이가 무색하게 너무 아파했다. 그런데 그때 아버지는 얼른 달려와 고름을 입으로 빨아 주셨다. 손으로 짜도 되고 기구를 써도 되는데 입으로 빨아 주셨다. 그래야 더 완벽하게 뺄 수 있기 때문이다. 나의 고름을 빨아 주시던 아버지의 그 모습은 아직도 나에게 뚜렷하고 선명하게 남아 있다.

하지만 아버지가 한번은 발에 가시가 박힌 적이 있었는데 나는 가시는 빼 드리긴 했지만, 입으로 빨아 드리지 못했다. 얼른 다가가 마무리로 입으로 빨아 드려야 했는데 그냥 손으로 빼드렸다. 그러고는 머큐로크롬만 발라드렸다. 왜 나는 그때 입으로 빨아 드리지 못했을까? 무엇이 망설여졌던 것일까? 그 일은 아직도 후회되어 내 안에 미안함으로 남아 있다. 아버지가 종기의 고름을 빨아 주시던 기억과 오버랩 되면서……. 그래서 만약 하나님이 이 땅에서 아버지와 만날 기회를 한 번만 더 주신다면, 꼭 가시를 입으로 빼 드리고 싶다. 조금도 망설임 없이 얼른 다가가서 그렇게 해드리고 싶다.

물론 아버지 발은 빨아 드리지 못했지만 나름대로 최선을 다해 아버지를 대해 드렸다. 자랑이라고 해도 할 말 없지만, 나는 복을 많이 받은 사람이라고 생각하는데 그 이유는 부모에게 잘했기 때문이 아닐까 생각한다. 그리고 보면 하나님도 부모 말씀 잘 듣고 부모에게 잘하는 것을 제일 좋아하시는 것 같다.

나는 과거에 밤마다 아버지의 다리를 주물러 드렸다. 아버지가 신경통이 있으셔서 그렇게 하지 않으면 주무시기 어려웠기 때문이다. 한참을 주무르다가 손을 뗐을 때 아파서 신음하시는 듯하면 재빨리 다시 주물러 드렸다. 만약 다른 소리가 안 나면 그제야 내 방으로 가서 잤다. 아무리 피곤해도 이것만큼은 빠뜨리지 않았다. 그런데 내가 시험 보는 기간에는 아버지가 유독 빨리 잠이 드시곤 했다. 물론 딸이 공부에 집중하도록 잠이 드시는 척을 한 것이었다.

그랬던 아버지가 이 세상에 안 계신다. 그리운 아버지……. 보고 싶은 아버지…. 아버지가 돌아가실 때를 떠올리면 그리움이 사무치면서도 또 한편으로는 감사드린다. 아버지의 마지막에 특별한 전화 한 통이 있었기 때문이다.

솔직히 아버지는 과거에 세례교인이셨지만 나중에는 교회를 떠나셨다. 모진 세상에 살면서 지칠 때로 지치시다가 교회에 회의감을 느끼셨던 모양이다. 참고로 아버지의 어머니, 그러니까 나의 할머니도 과거에 집사님이셨다. 평양에서 감리교 신자셨으니 내 신앙의 뿌리가 할머니로부터 시작된 셈이다. 그런데 아버지가 교회를 떠난 것이 나에게는 늘 짐이었고 아버지가 다시 하나님께로 돌아오는 것이 소원이었다. 그 마음을 담아 편지를 쓰기도 했다. 결혼을 하고 얼마 후, '아버지가 다시 예수님 믿는 게 소원'이라며 나의 오랜 소원을 말씀드렸다. 그랬더니 아버지가 하시는 말씀이 당신은 우편 강도처럼 죽기 전에 하나님을 다시 믿겠다는 것이었다. 나는 어이가 없었다. 순간 한마디 던졌다.

"아버지, 누가 전화해 줘?"

사실 자신이 언제 죽을지는 아무도 모른다. 남이 언제 죽을지도 아무도 모른다. 그런데 어떻게 죽기 전에 딱 맞춰 복음의 메시지를 전해 준다는 말인가?

그런데 내가 무심코 내뱉은 그 말이 현실이 되었다. 아버지는 1986년 6월 16일 소천하셨는데 그때는 내가 제주영락교회에 있을 시기였다. 그러니 아버지를 뵙기가 어려운 시절이었다.

놀랍게도 매해 6월 중순이면, 통합 측 전국사모연합수련회가 2박 3일로 열린다. 이 행사는 공적인 모임이기에, 매년 교회에서 비행기 표를 사 준다. 그러면 나는 아이들을 데리고 섬을 벗어날 수 있다. 나에게는 휴가 찬스인 셈이다. 그러면 오가는 과정이 힘들긴 해도 수련회도 참석할 수 있었고 그사이에 부모님도 뵐 수 있었다. 그해 역시, 6월 10일에서 13일까지 서울에 올라왔고 아버지를 뵐 수 있었다. 내가 제일 멀리 살았지만 제일 마지막으로 아버지를 볼 수 있는 특권을 얻은 것이다.

한편 소천하시기 열흘 전 즈음에 신기한 꿈을 꾸었다. 그때는 아직 수련회에 오기 전이라, 제주에 있을 때였다. 그런데 꿈에 아버지가 관에 누워 계시고 딸 넷이서 엉엉 울고 있는 게 아닌가. 나는 그 꿈이 너무 선명해서 얼른 시외전화를 걸었다.

"아버지. 꿈에 아버지가 죽었어. 그래서 내가 얼마나 울었는지 몰라."

아버지는 사랑하는 막내딸의 시외통화를 예사로 듣지 않으셨다. 뭔가 있다고 생각하신 모양이다. 그래서 전화를 받으신 후 넷째 삼촌의 산소에 가시게 되었는데 엄마더러 이렇게 말씀하셨다는 것이다.

"나 저기다 묻어 달라우."

참고로 아버지는 평양 출신이시라 평생 이북 사투리를 아주 진하게 쓰셨다. 한편 그 말을 들으신 엄마는 황당해하면서 농담으로 넘기셨다고 했다.

"당신이 나보다 더 오래 살 텐데 무슨 소리예요? 그리고 저기는 예수님 믿는 사람만 묻힐 수 있어요."

그때 우리 아버지가 하신 말씀이 있다.

"내가 안 믿나? 믿지."

그리고 그 일이 있고 난 후 아버지는 소천하셨다. 나는 '누가 전화해 주나?'고 말했는데 정말로 다른 사람도 아닌 내가 아버지에게 전화해 주었다. 그것이 얼마나 감사한지 모른다. 아버지 구원을 위한 안타까움을 하나님이 아셨는지, 불가능할 거라고만 생각했던 일이 실제가 된 것이다. 정말로 돌아가시기 전 전화를 통해 하나님을 다시 만날 기회가 생긴 것이다. 그리고 그때 내 다급한 전화를 흘려듣지 않고 죽음을 준비하며 하나님께 다시 돌아오셨던 아버지께도 너무 감사드린다.

벌써 30여 년이 지났다. 그런데도 나는 아버지가 아직도 너무나 보고 싶다!

죽기 직전까지
자식 생각뿐인 게
바로 엄마다

아버지를 떠올리면 뭔가 안도감이 생긴다. 그래도 돌아가시기 직전, 그런 전화를 드릴 수 있어서……. 하지만 엄마를 생각하면 조금 다르다. 엄마를 떠올리면 솔직히 눈물이 더 많이 난다. 물론 엄마 역시 신앙생활을 열심히 하시다 하나님께 가셨기 때문에 감사드리지만, 나로서는 너무나 죄송한 일이 많다. 나는 정말 엄마에게 잘하려고 노력했지만 마지막에 있었던 마음에 걸리는 일이 아직도 나를 힘들게 한다. 하지만 나의 부끄러운 기억이지만 그래도 같은 상황에 놓여 있는 분들에게 위안이 될 것을 기대하며 솔직하게 적어 내려가 본다.

엄마가 우리 집에 오고 난 후, 좋았다. 참 행복했다. 하지만 좋았던 기억은 5개월로 끝나 버렸다. 5개월 즈음 되었을 시기에 목욕탕에서 엄마가 넘어져 고관절을 크게 다치게 되었다. 그때부터 엄마는 거동할 수 없게 되었고 무려 8개월 동안 누워만 계셨다. 이때 대소변도 다 받아 내야 했다.

그런데 이 일이 있기 얼마 전, 예레미야 12장 5절 말씀을 책에서 보고 큰 은혜를 받게 되었다.

만일 네가 보행자와 함께 달려도 피곤하면 어찌 능히 말과 경주하겠느냐 네가 평안한 땅에서는 무사하려니와 요단 강 물이 넘칠 때에는 어찌하겠느냐

신기하게 이 말씀이 큰 은혜가 되는 것이 아닌가. 우리 남편도 그 이야기를 듣고는 의아해했다. 물론 말씀이 다 은혜가 된다지만, 이 말씀이 갑자기 은혜가 된다는 것이 조금 이상했던 것이다. 놀랍게도 그 말씀을 받고 난 후, 엄마가 넘어지셨다. 하나님은 미리 이 말씀을 통해 준비하게 하셨던 것이다. 그래도 이 말씀이 있었기 때문에 기저귀를 8개월간 갈 수 있었다. 그 말씀이 아니면 의지할 곳이 없었을 것이다.

물론 8개월가량, 기저귀를 다 갈아 드리는 동안 너무 버거웠다. 솔직히 너무 힘들었다. 특히 2007년도였기 때문에 해야 할 강의와 사역이 많을 때였는데 엄마 때문에 나가지 못하고 꼼짝 못하게 되자 여러모로 고충이 컸다. 마침 그때도 하나님은 말씀을 통해 나를 위로해 주셨다. 시편

66편 11절, 12절 말씀을 주셨다.

우리를 끌어 그물에 걸리게 하시며 어려운 짐을 우리 허리에 매어 두셨으며
사람들이 우리 머리를 타고 가게 하셨나이다 우리가 불과 물을 통과하였더
니 주께서 우리를 끌어내사 풍부한 곳에 들이셨나이다

딱 내 상황이었다. 하나님이 나의 상황을 다 알아주신다는 그런 싸인
이었다. 그것만으로도 위로가 되었다.

그런데 이 못난 딸은 8개월짜리밖에 안 되었었다. 결국, 나는 해서는
안 되는 말을 해버렸다.

"엄마. 빨리 죽어. 그러다 내가 죽겠어."

정말 내가 죽을 것만 같았다. 솔직히……. 괜히 나온 말이 아니었다.
진심이었다. 실제로 암수치도 오르고 있었다. 결국, 엄마를 요양원에 모
시기로 했다. 나는 딸로서 해서는 안 될 결정을 한 것 같아 괴로웠지만
그렇다고 번복할 수도 없었다. 너무 힘들어 가족 치료 교수님께 상담을
드렸는데 교수님은 오히려 잘했다고 하셨다. 교수님 말인즉슨, '엄마가
집에 있으면 매일 100점으로 할 수 없다'라는 것이다. 그러니 '최선을 못
할 거면 차선이라도 하라'는 것이다. 사실 그렇다. 집에서 최선을 다 못
하며 원망을 하니, 차선으로라도 잘해 드리는 것이 낫지 않을까. 물론
누군가는 이조차도 합리화라고 하겠지만 나는 그 말에 그나마 위안을 얻
었다.

요양원 가기 전날이 되었다. 엄마를 더 잘 모시려고 보내 드리는 것인데 왠지 엄마를 버리는 것 같아 서럽게 울었다. 그런 결정을 할 수밖에 없는 내가 미웠다. 그런 나를 보며 엄마는 한마디 하셨다.

"경숙아. 너니까 이렇게 했어."

이런 상황에서도 엄마는 나를 위로해 주셨다. 그다음 날 요양원에 보내 드리고 나서 나는 짐승처럼 울부짖었다.

그렇게 엄마를 요양원에 보내고 난 후, 나는 미안한 마음에 '그 상황에서의 최선'을 다하려 노력했다. 하지만 정작 나의 죄책감은 도무지 사라지지 않았다. 그리고 4년 정도 지난 후 엄마는 천국에 가셨다. 천국 가던 날의 기억도 너무 생생하다. 그해 4월부터 엄마는 말을 하지 못할 정도로 쇠약해지셨는데 나는 그때부터 찬송가를 더 많이 불러 드렸다. 특히 같은 방에서 지내시던 세 분의 할머니가 다 찬송가를 좋아하셔서, 더 많이 불렀다. 엄마가 유난히 좋아하시는 '주 안에 있는 나에게'를 비롯하여……. 엄마 역시 그 시간을 너무 좋아하셨다. 아무래도 곧 천국에 갈 것을 아셨기에 엄마는 찬송을 통해 준비하셨던 것 같다.

그러던 중, 엄마의 상태가 너무 안 좋아지셔서 나는 가족들에게 다 연락을 해서 미국에 있는 작은오빠까지도 나와서 엄마 곁을 지켰다. 그리고 2010년 9월 20일, 가족들이 다 모인 데서 남편이 임종예배를 드렸다. 엄마는 자녀들로부터 손자들까지 한마디씩을 다 들으시고는 숨을 거두셨다. 내 품에 안긴 채로. 나는 그때 용서해 달라고 막 울었다. 그리고 '엄마, 사랑해. 사랑해.' 하며 진심을 담아 사랑을 고백했다. 그런데 엄마라는 존재는 달랐다. 오히려 그 순간에도 자녀 생각뿐이었다.

언제나 들어도 행복한 그 이름. 엄마! 엄마는 정말 따뜻한 분이셨다. 아버지가 그랬듯, 엄마는 나에게도 특별한 존재였다. 엄마는 내가 6학년 때 따끈따끈한 밥을 먹게 하려고 따뜻한 국과 밥을 점심때마다 가져다주셨다. 도시락을 열면, 달걀 프라이 하나가 올려 있는 특별한 도시락이었다. 엄마는 유난히 우리 학교에 오시는 것을 좋아하셨다. 그 시절 내가 올백으로 선생님께 예쁨을 많이 받을 때라 엄마가 학교에 오면 선생님들이 유독 환영해 주셨기 때문이다. 그렇게 나를 보며 자랑스러워하시는 엄마가 나 역시도 너무 고마웠다. 오늘따라 그때 엄마가 만들어 주신 도시락이 먹고 싶다. 그리고 하늘에 계신 엄마에게도 다시 한번 진심을 담아 말하고 싶다.

"엄마. 정말 고마웠고 너무 미안해. 그리고 사랑해."

우리 집에
예수가 산다

보통 며느리 사랑은 시아버지라고 한다. 그런데 우리 집은 반대였다. 시아버지와 사이가 안 좋았다. 오히려 시어머니는 영적 어머니로 모시며 잘 지냈다.

아버님과는 왠지 코드가 안 맞았다고나 할까? 그래도 내가 사랑하는 남편의 아버지이기에 좋아할 법도 한데, 도무지 좋아해 드릴 수가 없었다. 심지어 억지로 좋아하는 척조차 하기 싫어 눈도 맞추지 않았고 밥도 같이 먹기 싫어했다. 그래서 아버님과 나만 집에 있는 날이면 밥을 차려 드린 후, 나는 그냥 방에 있었다.

그렇게 겸상까지 거부할 정도로 드러내 놓고 냉전을 이어 가던 어느 날, 선물 받은 원종수 권사님의 간증 테이프 '당신은 진정한 크리스천인 가?'를 보게 되었다. 그런데 간증에는 의사였던 원종수 권사님이 할아버지들을 고치는 내용이 꽤 많이 등장했다. 나는 아무 생각 없이 간증을 듣다가, 한마디에서 무너져 내렸다. 원종수 권사님이 새벽마다 기도하면서 '주님, 사랑해요. 보고 싶어요.'라고 기도하곤 했는데 하나님이 이렇게 말씀하셨다는 것이다.

"종수야, 어제 그 할아버지가 나였다. 네가 내 고름을 짜주었을 때 너무 시원했단다. 그리고 고마웠단다."

그 순간 가장 먼저 떠오른 분은 아버님이었다. 참고로 일본에서 대학을 나오신 시어머니는 일본의 문화적인 영향을 받아서인지, 자녀의 시각에서 호칭을 부른다. 그래서 아들인 남편은 '아빠'라고 부르고 남편은 '할아버지'라고 부른다. 자신에게는 아들이고 남편이지만 진우, 진석이의 입장에서는 '아빠', '할아버지'이기 때문이다. 그러다 보니 우리 집에서는 아버님은 누구에게나 할아버지로 통한다. 진우, 진석이만 그렇게 부르는 것이 아니라 다 그렇게 불렀다. 그러니 '할아버지'라는 호칭 앞에서 나 역시 아버님을 먼저 떠올릴 수밖에 없었다. 아마 이조차도 하나님의 계획하심이 아닐까 생각한다.

그렇게 나는 원종수 권사님이 들은 하나님의 음성 앞에서 무너져 내렸다. 원종수 권사님이 만났던 할아버지들이 예수님이었듯이, 나와 함께 사는 아버님, 즉 할아버지도 예수님이었음을 깨닫게 되었다.

'우리 할아버지(아버님)가 예수님이었다니……'

그동안 나의 태도와 생각이 와르르 무너지면서 그 순간부터 할아버지를 정성껏 모시게 되었다. 정말로 나에게는 할아버지가 예수님이었다. 예수님이 우리 집에 와 계시는데, 냉대한다는 것이 말이 되는가? 한 시라도 아까워 최선을 다해 대접해 드리고 마음 편하게 해드리는 것이 도리 아닌가? 그렇게 1992년 6월부터 아버님을 향한 나의 태도는 완전히 바뀌었다. 그리고 태도가 바뀐 지 1년도 되지 않은 1993년 3월 하늘나라로 가셨다. 만약 그때 아버님에 대한 태도를 바꾸지 않았다면 어떠했을까? 얼마나 많이 후회했을 것이며 얼마나 많이 힘들어했겠는가? 특히 아버님이 예수님이었음을 나중에야 알았다면 어떠했을까? 나에게 기회를 주신 하나님께 그저 감사할 뿐이었다.

　　그래서 이 이야기를 강의 때 종종 하곤 하는데, 듣고 있던 사람 중 일부는 비웃기도 한다. 고부간의 갈등이 심할 때는 도무지 이 이야기가 와닿을 수 없기 때문이다. 나도 이해한다. 나 역시도 그랬으니. 어떻게 내가 그토록 미워하는 사람을 예수님으로 모시며 대접할 수 있단 말인가? 놀랍게도 비웃던 사람들도 나중에는 고백한다. 이 간증 때문에 결국에는 용서하게 되고 다 풀리게 되었다고……

　　용서하면, 떠오르는 한 사람이 있다. 바로 넬슨 만델라다. 그는 27년이나 억울하게 갇혔었는데 출소한 후에 제일 먼저 한 일은 자신을 감옥에 넣은 백인들을 끌어안은 것이었다. 5년도 아니고 27년이나 감옥에 있어야 했는데 자신을 밀어 넣은 사람을 용서한다는 것이 어떻게 가능하단 말인가? 마침 당시 미국 대통령이었던 빌 클린턴이 남아공 대통령이 된

만델라에게 질문을 했다.

"당신은 어떻게 원수를 용서할 수 있었나요? 어떻게 그들을 품을 수 있었나요?"

만델라는 조금도 망설이지 않고 그 이유를 분명하게 말했다.

"내 몸은 감옥에서 나올 수 있었으나, 만약 내가 저들을 용서할 수 없었다면 내 마음은 여전히 철창 안에 갇혀 있었을 것입니다."

결국 그는 용서가 가져다주는 진정한 자유로움을 만끽할 수 있었다. 이것은 해보지 않은 사람은 모른다. 나 역시도 몰랐다. 그러나 아버님과의 관계를 통해 그 자유가 어떤 것인지 알았다. 그리고 용서함으로 자유를 얻을 수 있다.

한편 아버님에 관한 이야기에 덧붙여, 시어머니 이야기도 하고 싶다. 나의 영적 어머니이자 기도의 어머니인 시어머니는 외유내강의 전형이셨다. 겉으로는 아름답고 지적이고 연약해 보이시는 분인데 그 속은 그 누구보다도 강인하셨다. 앞에서도 이야기했지만, 남편이 40일 금식을 할 때 금식 도중에 물 냄새조차 맡기 힘들 정도로 고생을 한 적이 있었다. 그래서 결국 집에 들어와 남은 금식을 이어 가게 되었는데, 냄새가 역하다며 그 어떤 물도 먹지 못하자 죽을 지경에 이르게 되었다. 정말이지 물이라도 안 먹으면 죽을 수밖에 없다. 그런데 바로 그때 어머님은 누구보다 강하셨다. 보통 엄마들 같으면 아들을 위로하면서 걱정만 할 텐데 어머님은 단호하셨다.

"김 목사. 마라의 쓴 물도 하나님이 달게 하셨는데 왜 이 물을 못 먹어?"

그러면서 두 가지를 제안하셨다.

"이런 물이라도 먹고 끝까지 금식을 하든가, 아니면 이런 물을 못 먹겠으면 그냥 금식을 끝내라."

놀랍게도 그 말씀을 듣고 나더니 남편이 물을 먹기 시작했다. 먹자마자 다 토해 내던 물을 꿀꺽꿀꺽 먹었고 끝까지 완주할 수 있었다. 이 일화 하나만 보아도 어머님이 얼마나 대단하신 분이었는지를 알 수 있다. 그래서 나는 어머님을 통해 무엇이 진짜 강한 것인지를 배우곤 했다. 특히 모델로서 어머님을 바라보다 보니, 어머님만의 생활철학이나 습관을 따라 하고 싶어 할 때가 많았다. 일례로 어머님은 평생 무릎을 꿇고 앉으셨다. 나는 그 모습이 너무 좋아 보여 따라 했다. 그러나 결국엔 힘들어서 '전 못하겠어요.' 하면서 포기했지만. 어찌 되었든 그런 모습조차 닮고 싶을 정도로 멋진 분이셨고 강한 분이셨다. 그리고 기도의 길로 나를 이끌어 주신 소중한 은인이셨다.

그렇게 남편과 결혼하면서 만난 특별한 두 분. 나에게는 그 존재 자체가 특별한 선물이었는지도 모른다. 남편이 더없이 귀한 선물이듯, 그 두 분도 함께 찾아온 선물이었다. 아버님은 예수님을 모실 기회를 얻게 해 준 분이시고 어머님은 기도의 용사가 되도록 도와주신 분이셨다.

아마 이 글을 읽는 분 중, 시댁이나 처가와의 관계 때문에 힘들어하는 경우가 꽤 있으리라 생각한다. 나 역시도 그랬기에 충분히 이해하고 공감한다. 하지만 분명 그 안에서 하나님이 원하시는 바도 있으리라 믿는다. 그리고 내가 먼저 용서하고 내가 먼저 그분을 예수님으로 대하면, 내가 생각지도 못한 방향으로 자유와 평화가 찾아오리라 생각한다. 내가 경험했던 그 변화가 너무 소중했고 놀라웠기에, 그 경험을 다른 사람들도 했으면 하는 바람이 있다.

PART 5

사랑,
그리고
또 사랑

우리에게는 사랑해야 할 사람들이 너무나 많다.

하나님이 내 곁에 두신 모든 사람이 사랑으로 품어야 할 소중한 존재다.

오늘도 우리는 더 많은 사람을 사랑하기 위해 하나님께 지혜를 구한다.

조건 없는 사랑과 그 사랑을 이루기 위한 인내를 배우기 위해 기도한다.

Part 5에서는 이웃들, 특히 성도들과 사랑을 나누기 위한

진솔한 고백들을 담았다.

유효기간이 있으면 좋다.
더 사랑할 수 있어서……
더 안아 줄 수 있어서……

2년 후면 우리도 은퇴를 한다. 처음 '내가 과연 사모의 길을 갈 수 있을까?' 고민하던 때가 엊그제 같은데 벌써 이런 날을 맞이하게 되었다. 어떻게 보면 짧은 것 같고 어떻게 보면 긴 것 같은 세월이 이렇게 내 인생의 일부를 가득 채우고 있었다. 그렇게 나는 사모로서의 삶을 인생의 꽤 많은 부분에 할애했다. 영광스러운 일이고 감사한 일이다. 물론 다시 사모를 하겠냐고 묻는다면 아니라고 답하고 싶을 만큼 힘들었지만, 그래도 그 안에서 부어진 큰 은혜를 부정할 수는 없다. 힘든 만큼 감사한 것도 많았기에 지금까지 버티지 않았겠는가?

그런데 이렇게 2년이라는 시간만 남겨 두고 보니, 기분이 묘했다. 아쉽기도 하고 시원하기도 하고……. 그야말로 시원섭섭하다는 말이 딱 어울리는 듯하다. 그런데 시원한 거야 이해가 간다지만 섭섭한 것은 왜일까? 아무래도 성도들과의 관계 때문이 아닐까 생각한다. 이제는 피붙이처럼 가족이 되어 버린 교회 식구들……. 나에게는 다들 소중한 존재들이다. 그들과 헤어진다니 섭섭할 수밖에 없다. 제주영락교회에서 나올 때도 성도들이 보고 싶어 그토록 울었는데, 더 오랜 기간 사역한 무학교회의 성도들과 이별해야 한다니 너무 마음이 아프다. 사실 요즘에는 생각만 해도 눈물이 흐르곤 한다…….

그래도 감사하다. 은퇴 기간이 정해져 있어서……. 은퇴 시기를 알기에 더 소중히 그들을 대할 수 있기 때문이다. '은퇴가 2년밖에 남지 않아 그들과 함께할 시간이 얼마 없다'라는 것은 결국 '남은 기간 동안 더 사랑하고 더 안아 주자'라는 말로 풀이되는 것이다.

그렇게 생각하니 서운해할 시간조차 없었다. 사랑할 시간도 얼마 안 남았는데 그런 서운한 감정으로 시간을 보낼 수야 없다. 그래서 앞으로 더 사랑할 것이다. 남은 2년 동안을 지난 세월 사랑했던 것보다 더 깊고 진하게 사랑할 것이다.

그러고 보니, 유효기간이 있다는 것은 참 좋은 것 같다. 더 사랑할 수 있고 더 안아 줄 수 있으니 말이다. 꼭 교회 성도들과의 관계만이 아니라, 모든 관계에서도 그렇다. 영원할 줄 알면 함부로 대하기도 하고 정성을 다하려고 하지도 않지만, 유효기간이 있음을 알면 결코 그렇게 대할 수 없기 때문이다.

이제 남은 2년은 1년이 될 것이고 6개월, 3개월, 1개월로 점점 줄어들 것이다. 나는 그때마다 시간을 더 아낄 것이다. 그리고 사랑하기 위해 그 시간을 쓸 것이다. 또한, 아쉬움과 서운함을 달래며 이렇게 기도할 것이다.

"하나님. 남은 기간 더 안아 주겠습니다."

"옆에 있을 때 더 잘할게요."

천국 가면
내 자리도 좀 맡아 줘

제주영락교회에서 사역할 시절, 나에게는 잊을 수 없는 사모님이 한 분 계셨다. 그분은 나보다 나이가 많았지만 내 벗이나 다름없었다. 우리는 친구처럼 지냈고 서로를 의지했다. 외로울 법도 한 사역지에서 하나님이 보내 주신 귀한 선물이 아닐 수 없었다. 특히 그 사모님은 작은 시골 교회 사모님이셨는데, 나는 그분을 볼 때면 이런 생각을 하곤 했다.

'저 사모님이 진짜야. 저분이야말로 진짜 사모님이야.'

그분은 성도가 아프면 성도를 위해 대신 금식기도에 들어가는 분이었다. 진심을 다해 성도들을 위해 기도했고 울면서 철야하는 것은 기본이었다. 가령 어떤 성도님이 위중하면 그 사모님은 이렇게 기도했다.

"하나님. 차라리 날 데려가세요. 저 사람은 아직 젊고 아기도 있단 말이에요."

그렇게 자기 몸은 뒷전이고 성도들부터 챙겼다. 성도들이 행복하고 성도들이 잘 사는 것이 사모님의 최고 행복이었다. 말로만이 아니라, 행동으로 그것을 증명해 냈다. 그런데 너무 혹사했는지, 아니면 하나님이 사모님을 빨리 옆에 두고 싶으셨는지 간경화를 앓다가 일찍 천국에 가셨다. 사모님이 병환에 있을 때는 이미 내가 서울로 사역지를 옮긴 터라, 병상에 있을 때 곁에 있어 주지 못했다. 그것이 못내 아쉽고 미안하다. 다행히 하나님은 사모님이 돌아가시기 전날 만날 수 있게 해주셨다. 그렇게 마지막 모습이라도 볼 수 있어 다행이었다. 그 만남이 생전 마지막 만남이었고, 그 후에는 장례식장에서야 사모님을 만날 수 있었다.

사모님이 돌아가시기 전, 우리는 꽤 많은 이야기를 나누었다. 특히 나는 아픈 사모님 앞에서 약속 하나만 해달라고 했다.

"사모님, 이제 천국 가면 하나님 하고 가까운 자리에 있을 거야. 그러니까 그 옆에다 내 자리도 좀 맡아 줘."

힘이 다 빠진 사모님은 그 와중에도 고개를 끄덕여 주셨다. 무언의 확증이었다. 지금쯤 내 자리를 맡아 놓고 나를 내려다보고 있지 않을까 생각된다. 그분은 약속을 지키고도 남을 분일 테니까.

김명희 사모님. 내 인생에서 소중한 추억들을 남겨 주었던 귀한 분이다. 언니이지만, 친구인 분. 너무나 존경하지만 더없이 가까운……. 그런 분이다. 아마도 그 사모님이 계셨기에 제주에서 사역할 때 더 힘을 낼 수 있지 않았을까.

더 감사한 것은 내가 사모님을 좋아했던 것처럼 사모님도 나를 참 좋아해 주셨다는 사실이다. 사실 사모님은 49년생으로, 남편과 나이가 동갑이다. 이 말인즉슨 나와 무려 8살 차이가 난다는 것이다. 그런데 내가 무학교회 간다고 했을 때 친정엄마가 떠나는 것 같다며 계속 우셨다. 그러니 내 마음은 오죽했을까. 나 역시도 사모님을 너무나 사랑하는데 말이다.

우리가 얼마나 각별했는지, 제주에서 있는 동안 같이 살자는 이야기도 나누곤 했었다. 사모님이 사역하시던 교회는 작았지만, 제주 토박이시고 물려받은 자기 소유의 밭이 있었다. 그래서 사모님은 이런 이야기를 종종 하셨다.

"우리 밭 귀퉁이 땅, 사모님 줄 거야. 우리 은퇴하면 같이 살자."

물론 일찍 천국에 가시는 바람에 그 약속은 지키지 못했지만 그 대신 마지막 약속을 들어줄 거라 믿어 의심치 않는다. 그리고 여전히 나를 응원해 주고 있으리라 확신한다. 물론 나도 이 땅에 있는 동안 사모님이 보여 준 성도 사랑을 조금이라도 흉내 내 볼 것이다. 그분이 하신 만큼은 못 따라가겠지만, 그 마음과 행동의 조금이라도 따라가고 싶다.

진짜 사랑이 무엇인지를 몸소 보여 준 사모님. 그리고 그런 분과 시간을 보내 줄 수 있게 하신 하나님께 감사드린다. 그리고 여전히 그립다. 천국 가신 지 12년이 지났지만 사모님을 그리는 마음은 내내 좀처럼 사라지지 않는다.

맡긴 영혼을
얼마나
사랑했느냐?

김명희 사모님처럼 작은 교회를 섬기면서도 누구보다 위대한 사역을 하시는 분들이 참 많다. 작은아들 진석이가 전도사로 사역하고 있는 교회도 그렇다. 금호연풍교회 김에스더 목사님……. 그분도 내가 너무나 존경하는 분이다. 진석이가 그 목사님으로부터 얼마나 훈련을 잘 받고 있는지 모른다. 그런 귀한 목사님과 한 교회에서 사역할 수 있게 된 것이 은혜가 아닐 수 없다. 그 목사님을 볼 때면, 정말이지 교회 사이즈는 전혀 중요하지 않음을 다시금 느낀다.

과거에 하이디 베이커 목사님의 책에서 이런 내용을 본 적이 있다. '하나님의 종은 어떻게 심판을 받을까? 사이즈가 아니라, 맡긴 영혼을 얼마나 사랑했느냐로 심판받는다.' 솔직히 두려웠다. 정신이 바짝 드는 것 같았다. 성도에 대한 사랑을 가지고 사역자를 심판한다니. 나는 과연 어떠한지 덜컹했다. 특히나 우리에게 성도를 몇 천 명 넘게 주셨는데 그 성도를 다 사랑하지 못한다면 어떠할까? 아무리 큰 교회 안에서 큰 사역을 하는 것 같아도 성도를 제대로 품지 못하면 하나님은 그 사람을 사역자로 인정하지 않으신다니……. 너무나 떨렸다.

가끔 이 이야기를 개척교회 사역자분들께 말하면 눈물을 흘린다. 오히려 그분들께는 이 이야기가 큰 위안이 될 테니 말이다. 그분들은 정말이지 몇 안 되는 성도들에게 최선을 다한다. 한 영혼을 소중하고 귀하게 여기면서 할 수 있는 대로 사랑한다. 그러니 하나님 보시기에는 어떠할까? 그러기에 성도 사랑 여부로 심판하신다는 그 메시지는 그들에게 너무나 큰 힘이 될 수밖에 없다.

분명 그분들은 순간순간 사역을 하면서 좌절을 느꼈을지 모른다. 얼마 안 되는 성도들을 데리고 사역을 하는 것 때문에 자신도 모르게 자신을 패배자로 전락시켜 버렸을지도 모른다. 하지만 그분들께 분명히 말씀드리고 싶다. 하나님 보시기에는 절대 그렇지 않다고. 성도를 극진히 아끼고 사랑한다면, 하나님은 그 누구보다 성공한 사역자로 평가하실 것이라고. 그리고 나 역시도 내 사명이 성도 사랑임을 떠올리면서 마음을 다잡는다.

땅에 있는 성도들은 존귀한 자들이니 나의 모든 즐거움이 그들에게 있도다

(시 16:3)

고난 받을 때
경험한 위로로
성도를 위로할 수 있다

2004년, 늘 그렇게 자연스럽게만 흘러갈 것 같았던 일상이 한순간에 깨져 버렸다. 남 이야기인 줄로만 알았던 암 말기 선고를 내가 받은 것이다. 몸이 좀 이상하여 동네 병원에 갔는데 단순한 병이 아닌 암이라니……. 그것도 더 이상 가망이 없다는 말기라니…. 일단 의사 선생님은 큰 병원에 가서 한 번 더 검사를 받아 보라고 했지만 이미 번복은 없을 것 같다는 눈치를 주셨다. 그도 그럴 수밖에 없는 것이, 동네 병원에서 못 잡아낸 것을 큰 병원에서 전문기계로 잡아내는 경우는 있어도 그 반대의 경우는 드물기 때문이다. 이미 동네 병원에서 암 말기라고 했으면 그 이상이었으면 그 이상이었지, 그보다 양호한 결과를 얻기는 어렵다. 실제로 암 말기 증상을 내가 느낄 정도였다. 그러니 다른 기대를 할 필요가 없었다. 물론 의사의 지시에 따라 큰 병원에 가서 검사는 다시 진행했다.

그러던 어느 날, 집에 왔는데 전화 자동응답기에 제주영락교회 성도의 목소리가 녹음된 것이다. 솔직히 말하면 반가운 것은 둘째 치고 조금 뜬금없었다. 그분은 제주영락교회에서 일대일 교육을 처음 해준 분인데 사실 교회도 잘 안 나왔던 분이었다. 그러기에 그분 목소리가 들리자 반가우면서도 당황스러울 수밖에 없었다.

우선 다시 전화를 걸어 통화를 시작했다. 그런데 갑작스레 전화를 하게 된 상황도 당황스럽지만, 그분의 말씀은 더 당황스러웠다. 보통은 의례적으로 안부 인사부터 시작하는데 이분은 대뜸 이렇게 물었다.

"사모님. 괜찮아요?"

'잘 지내세요?', '건강하세요?' 도 아니고 '괜찮아요?'라니……. 아무런 왕래와 교류도 없던 분이 하기에는 조금 어색한 인사였다. 그분은 이어서 이렇게 물었다.

"어디 안 아프세요?"

나는 그제야 뭔가를 아는구나 싶어 웃으며 답했다.

"내가 꿈에라도 죽었어?"

"네."

혹시나 해서 과장된 질문을 던졌는데 그것을 덥석 물었다. 정말 내가 꿈에서 죽었다고 했다. 그래서 놀라서 전화한 것이다. 그때 다시금 확신했다.

'아! 하나님이 나 데려가시는구나.'

2004년 5월, 유난히도 따뜻했던 그 봄날에 이런 일이 생기고 나서 천국 같았던 우리 집에 먹구름이 끼기 시작했다. 말 그대로 초상집 분위기였다. 눈물을 잘 보이지 않던 남편도 울었다. 그동안 고생만 했는데 고생이 끝날만 하니까 아프냐며 서럽게 울었다. 나는 '당신이라도 울지 말라'며 다독였다. 솔직히 그게 나에게는 더 힘들고 못 견딜 일이었다.

남편도 이런데 아이들은 오죽했을까? 당시 장신대 신대원을 가려고 준비 중이던 진우는 그야말로 힘을 잃었다. 계속 울기만 했다. 하나님이 엄마를 데려가시면 나는 그냥 신대원 안 가겠다고 할 정도였다. 이 말인즉슨, 주의 종의 길을 포기하겠다는 것이다.

그 와중에 진석이는 막내이면서도 독특했다. 역시나 우리를 실망시키지 않았다. 하루 동안 실컷 울고 나더니 "엄마, 왜 울어? 울지 마. 혼자서 먼저 좋은 데 가면서 왜 울어? 아빠 재혼 안 시킬 테니까 걱정하지 말고. 곧 갈 테니까 기다려."라고 말했다.

그리고 나는 본격적인 시한부 인생살이에 들어갔다. 한편 그때 나는 진우의 신대원 준비를 도와주고 있었다. 나도 함께 성경공부를 할 수 있으니 그야말로 꿩 먹고 알 먹고였다. 진우 역시 엄마와 함께 공부하니 더 힘을 내서 공부할 수 있었다. 물론 엄마가 암 말기 진단을 받게 되자, 진우 입장에서는 공부할 의욕이 사라지기도 했지만 그래도 공부는 계속했다. 우는 진우를 달래 가며, 끝까지 해보자고 했다. 물론 공부를 하긴 하면서도 자기는 엄마 죽으면 이 길을 포기하겠다고만 했다. 그러던 어느 날 진우는 채플 시간에 이 찬송을 부르게 되었다.

"십자가를 질 수 있나 주가 물어보실 때 … 우리의 심령 주의 것이니."

사실 우리에게는 너무 익숙한 찬송이다. 그런 익숙한 찬송이 그날따라 진우에게는 다르게 다가왔나 보다. 진우는 그 가운데서 하나님의 뜻을 깨달았고 집에 돌아와서는 자신의 생각에 변화가 있었다고 고백했다.

"엄마. 우리의 심령도 주님의 것이래. 그런데 하물며 엄마가 주님의 것 아니겠어?"

그리고 결단한 듯 말을 이어 갔다.

"엄마 먼저 데려가셔도 이 길을 갈게. 먼저 가서 기다리고 있어."

"그래. 고맙다. 하나님 앞에 설 면목이 선다."(우리는 함께 부둥켜안고 울었다)

그렇게 진우와 나는 더 열심히 공부했다. 진우는 그 길을 가기 위해, 그리고 나는 천국 갈 준비를 하기 위해. 한편 당시 진우는 신대원 준비를 위한 무료 과외공부인 '말씀이 있는 곳에' 참여하기도 했는데 현재 미국에서 목회하시는 이찬우 목사님이 여는 모임이었다. 그때 나는 '성경을 더 공부해야 하나님과 함께 더 많은 대화를 할 수 있을 거야.' 하면서 함께 참석하겠다고 했다. 막상 천국 갔는데 성경에 대해 모르면 얼마나 망신인가. 이왕이면 많이 알수록 좋을 것 같았다.

그렇게 공부하겠다는 마음으로 갔는데 그날은 신약 공부를 하는 날이었다. 그런데 공부시작하기 바로 전에, 놀랍게도 구약의 욥기 말씀을 하시는 것이 아닌가……

그러나 내가 가는 길을 그가 아시나니 그가 나를 단련하신 후에는 내가 순금
같이 되어 나오리라(욥 23:10)

이 말씀은 원래 내가 참 좋아하는 말씀이다. 그 말씀이 그 자리에서
나오니 괜히 소름이 돋았다. 그리고 절로 '아멘!'이 터져 나왔다. 아마 사
람들이 좀 의아하게 생각했을 것 같기도 하다. 끝난 후, 나는 목사님께
내 상황을 말씀드렸다. 그리고 같이 기도하는 시간도 가졌다. 같이 기도
하니 큰 힘이 생겼다. 그때 다시 나를 찾아온 그 말씀은 나에게 특별한
싸인으로 받아들여졌다. '나를 단련하신다'라는 그 말씀이 더욱 의미심장
하게 다가왔다.

큰 병원에서 검사한 후, 23일 만에 결과가 나왔다.

아무것도 아니란다. 암 말기는커녕, 암도 아니란다.

그렇게 우리 가족의 특별한 23일간의 훈련이 끝났다. 말씀에 나오는
그 단련이 바로 우리 가족이 받고 있는 단련을 뜻하는 것이었음을 알게
되었다. 23일간의 특별한 단련이 정말 우리에게는 기가 막힌 훈련이었
다. 하나님은 그렇게 우리 가족을 다시 한번 담금질하셨다. 우리는 불 속
에 있을 때는 너무나 힘들고 괴로웠지만, 막상 나오고 나서 단련된 모습
을 서로 확인할 수 있었다. 우린 강해졌다. 죽음 앞에서 하나님의 뜻을
먼저 생각하는 법을 배웠고 그 23일간의 위기 상황에서 어떻게 견디고
버텨야 하는지를 배웠다.

그런데 이와 더불어 바뀐 것이 한 가지 더 있다. 성도들을 더 사랑하

게 되었다. 사실 이런 위기를 겪고 나면 가족 간에 더 단단하게 뭉치게 된다. 그런데 가족만이 아닌 성도들을 더 사랑하게 되었다니, 이것이 무슨 의미인가? 나는 이 일을 통해 비로소 성도들의 아픔을 제대로 볼 수 있게 되었다. 그전까지는 누가 아프다고 하면, 기도하긴 했어도 절실하게 기도하지는 못했다. 그런데 이제는 성도가 아프다고 하면 기가 막힌다. 23일간의 단련이 나를 그렇게 바꾸어 놓았다. 도무지 남의 일 같지가 않았다. 당사자는 물론 그 가족들을 생각하면 눈물이 줄줄 흐른다. 그 아픔이 얼마나 고통스러운지를 잘 알기에 하나님께 더 매달려 기도한다. 과거에 김명희 사모님의 마음이 이런 것이구나 하고 이제는 제대로 알게 되었다. 하나님이 목회자에게 고난을 주시는 이유를 분명하게 알게 되었다. 하나님은 고난과 그 이후에 받은 위로를 통해 성도를 위로하게 하시는 분이었다.

> 우리의 모든 환난 중에서 우리를 위로하사 우리로 하여금 하나님께 받는 위로로써 모든 환난 중에 있는 자들을 능히 위로하게 하시는 이시로다(고후 1:4)

꼭 아픈 것만이 아니다. 과부 사정은 과부가 잘 안다고 공감하는 만큼 진심으로 더 위로해 줄 수 있다. 솔직히 내 아들이 군대 가기 전에는 교회 청년이 군대에 가도 마음이 무너져 내리지는 않았다. 그냥 잘 다녀오라고 격려하며 기도만 해줄 뿐이었다. 그런데 아들이 군대를 다녀온 후로는 마음가짐이 완전히 달라졌다. 누가 군대에 간다고 하면, 무슨 일이 터진 것도 아닌데 눈물부터 나왔다. 군대 갈 청년 때문에도 눈물이 나왔고 그를 바라볼 부모 마음 때문에도 눈물이 나왔다.

고난에는 분명 의미가 있다. 그런데 목회자에게 주시는 고난의 의미는 더욱 특별하다. 목회자의 고난은 스스로의 성숙과 발전만 이끌어 내는 것이 아니라, 남을 위로할 능력을 덧입게 하기 때문이다. 그만큼 성도를 아끼고 위로하는 것이 목회자의 핵심 사명이기에, 하나님은 더 많은 고난을 주신다. 특히 위로와 격려의 용사가 되어야 할 사모에게는 더더욱 많이 주신다. 나 역시 사모로서 그 사실을 알기에 고난의 시간을 원망과 하소연으로 보낼 수 없다.

남의 자녀를
내 자녀처럼
바라보면……

자랑 같은 이야기지만 진우는 나를 닮아 영어를 참 잘한다. 그리고 역시나 나를 닮아 수학은 잘 못한다. 그래서 수학 점수를 올리는 것에 부담을 많이 느꼈다. 솔직히 말해서 영어를 더 좋아하고 잘하다 보니, 수학할 시간에 영어를 더 했다. 어쩌면 수학에 대해 투자를 잘 안 하기에 좋은 성과도 얻지 못한 것일 수도 있다.

그런데 수학이 싫다고 해도 수능시험을 잘 보기 위해서는 수학을 열심히 해야만 한다. 그러기에 이전까지는 큰 부담을 안 느꼈겠지만 고3에 들어서면서부터는 슬슬 부담을 느끼기 시작했다.

한편 우리 교회 한 직원분이 계셨는데 그분의 아들, 딸은 공부를 참 잘한다. 그 아이들은 진우보다 두 살 위였는데 진우가 고3이 될 무렵, 그들은 이제 대학생이 될 나이였다. 그런데 어느 날, 그 직원분이 아이들의 등록금 때문에 은행에서 돈을 빌려야 한다며 보증을 서달라고 부탁하셨다. 연세대학교를 붙었는데 등록금은 없고……. 그렇다고 안 보낼 수는 없어 급하게 돈을 구하는 중이란다.

마음은 몹시 안타까웠지만 어찌할 도리는 없었다. 그날 저녁 책상에 앉아 있는데 하나님이 이렇게 말씀을 하시는 것 같았다.

"만약 네 자녀가 연세대에 붙었는데 등록금이 없으면 어떨 것 같니?"

기가 막힐 것 같았다. 어떻게 해서든 빌리는 것이 맞는 것 같았다. 나는 얼른 남편에게 제안했다.

"우리가 빌려줘요."

물론 우리는 빌려주는 돈은 못 받아도 된다는 철칙 하에 돈을 빌려준다. 그것이 관계를 망치지 않는 방법이기 때문이다. 물론 우리가 빌려줄 수 있을 만큼의 여유 자금을 가지고 있었던 것은 아니다. 하지만 마침 그때 건축헌금을 위해 적금을 들고 있는 중이어서 그것을 활용할 수 있었다. 나는 그분께 통장을 보여 주며 말했다.

"이거 건축헌금으로 모으는 돈인데 빌려 드릴게요. 어떻게 해서든 갚아 주세요."

그 집사님은 그 돈으로 아이들을 입학시킬 수 있었고 아이들도 그 후에 장학금을 받거나 일을 해서 조금씩이나마 돈을 갚아 나갔다. 그 돈은 또 다른 선교사님을 후원할 일이 생겨 받는 대로 다시 선교사님께 드렸다.

그런데 그해, 말도 안 되는 일이 생겼다. 결론부터 말하자면, 진우의 수능 수학 점수가 급상승했다. 무려 20점이나! 수리영역 만점이 80점인데 여기서 20점이 더 나왔다는 것은 기적일 수밖에 없다. 찍어서 5, 6점 정도는 오를 수는 있어도 더 나올 수는 없다. 정말 특이하게 10점 정도까지는 몰라도 20점은 불가능하다. 공부를 아주 열심히 하거나 족집게 사교육을 받지 않는 이상은. 그런데 그런 말도 안 되는 일이 생겼다.

그때 그 아이들을 위해 장학금을 준 것이 생각났다. 그때 '그렇게 빌려준 것을 하나님이 기뻐하셨구나.'라는 마음이 들었다. 사실 20점은 과외를 시켜도 올리기 힘든 점수다. 하나님은 남의 가족의 다급한 상황을 내 일처럼 바라보자 그렇게 역사하셨다.

또 한번은 모임 차 괌에 간 적이 있었다. 아침에 식당에서 외국 선교사 부부를 만나게 되었는데 물어보니 사이판 선교사라고 했다. 그리고 참 예쁜 아이들 세 명이 그 옆에 앉아 있었다. 그런데 귀여운 아이들을 보면서 괜히 기분이 좋았지만, 한편으로는 진석이 생각도 났다. 원래 진석이는 형보다 2년 일찍 결혼을 했는데 자녀가 없었다. 진우는 결혼하자마자 아이가 생겼는데 진석이는 몇 년간 아기가 없어 조금 힘들어했다.

그러다 보니 예쁜 아이들 셋을 보는 순간, 아이가 없어 마음고생을 하고 있는 진석이가 먼저 떠올랐다. 그런데 셋도 참 많다고 생각했는데 한 명이 또 오는 것이었다. 그리고 이어서 한 명이 또 나타났다. 총 다섯이었다. 다섯 아이를 선교사 부부가 키우고 있었다.

나는 순간 저 예쁜 아이들에게 용돈이라도 조금 쥐여 주고 싶었다. 선교지에서 다섯 아이를 키우느라 얼마나 고생이겠는가. 그리고 아이들은 맛있는 것을 제대로 먹기나 하겠는가. 마침 주머니에 50불이 있었는데 아이들이 무려 5명이라 그 돈으로는 어림도 없겠다 싶어, 얼른 방에 가서 한 장 있는 100불을 들고 왔다. 그리고는 선교사님에게 주면서 아이들이랑 맛있는 거 먹으라고 했다. 그리고 문득 이런 기도를 드렸다.

"하나님, 여긴 5명이나 있는데······. 진석이에게 하나라도 좀 주세요."

그렇다고 해서 아이들에게 후원했으니 그 대가로 달라고 한 것도 아니다. 그냥 그런 마음이 들어 하나님께 내 바람을 살짝 비친 것뿐이다.

놀랍게도 그달에 아이가 생겼다. 하나님이 귀한 선물을 주셨다. 이 이야기를 목사님들 모임에서 했더니 한 목사님이 하시는 말씀,

"야! 거 100불 참 싸다!"

사랑한다면,
거룩의 습관도 함께
나누어야 한다

목사님과 코스타 강사로 다니다 보면, 살아 있는 간증을 많이 경험하게 된다. 1996년부터 1998년까지 호주 시드니에서 코스타 사역을 할 때의 일이었다. 사역을 마치고 공항으로 왔는데 청년 셋이 우리를 만나고 싶어 하는 것이었다. 그들은 강의를 듣고 나서 우리를 개인적으로 다시 만나고 싶었다고 했다.

그중에는 시드니에서 공부하는 의대생이 한 명 있었는데 소위 말하는 킹카였다. 그런데 킹카다 보니 여대생들의 유혹에 계속 시달려야 했고, 결국 넘지 말아야 할 선까지 넘게 되었다는 것이다. 그런 그가 왜 우리를 만나고 싶어 했을까?

그는 바로 1년 전, 97년도에도 목사님의 코스타 강의를 들었다고 했다. 그때 목사님의 핵심 메시지 중 하나는 '예수님 믿는 자는 거룩해야 한다.'였는데 바로 그때 그 강의를 들으며 새로운 결단을 했다는 것이다. 그러면서 그는 이렇게 하나님과 약속했다고 고백했다.

"하나님. 앞으로 1년 동안 거룩함을 지키겠습니다."

그리고 1년 후, 그가 승리했다며 우리 앞에 나타난 것이다. 이 고백을 하는 청년(Kostan)의 눈에서 눈물이 흘렀다. 그리고 우리도 함께 눈물 흘리며 그의 손을 잡아 주었다.

한편 그때 그 청년이 자신의 소원을 꺼내 놓았다. 그도 나중에 목사님, 사모님처럼 부부 코스타 강사가 되고 싶다고 했다. 그래서 자신과 같은 청년들에게 많은 영향력을 끼치고 싶다고 했다. 그런 그의 고백이 나에게는 더 큰 힘과 도전으로 다가올 수 있었다.

이후 2014년, 3년 전에도 호주 코스타에 가게 되었는데 여기서도 거룩함을 향한 도전이 끊임없이 진행되고 있었다. 강의가 끝나고 간증하는 시간이 있었는데, 한 청년이 나왔다. 그는 초등학교 6학년 때부터 포르노를 보았고 이것을 끊을 수 없어 괴로워했다고 했다. 그런데 목사님의 의대 청년의 이야기를 들으면서 1년간 거룩함을 지키기로 결단을 했다는 것이다.

사실 많은 사람 앞에서 자신의 치부를 드러내는 것은 결코 쉬운 일이 아니다. 그러나 그 청년은 당당하게 고백했고 선언했다. 그렇게 말하는 이유는 공개적으로 말했을 때 더 잘 지킬 수 있기 때문이었다. 그리고 그만큼 많은 이에게 중보 기도를 요청할 수 있기 때문이다. 그는 자신의 연약함을 잘 알기에 주변 청년들의 도움을 청하고 싶어 했다.

"여러분. 혹시 내가 생각나면 내가 위급한 상황일 수도 있을 것 같아요. 그러니 저를 위해 꼭 기도해 주세요."

그의 용기 있는 간증과 결단을 듣던 다른 청년들 역시 울다가, 웃다가를 반복하며 감동으로 이어졌고 중보해 주겠다고도 약속했다. 그러고는 그 자리에서도 진심을 담아 울며 기도하는 시간을 가졌다.

나는 코스타 사역을 할 때 힘들기도 했지만 그런 열매를 보면서 다시 힘을 낼 수 있었다. 그런 살아 있는 간증이 나에게는 새로운 에너지였던 것이다. 특히 이 청년들의 이야기처럼 청년들과 거룩의 가치를 나눌 때는 더욱 도전을 많이 받을 수 있었다.

실제로 코스타 사역을 하는 동안 목사님은 여호수아 5장 1-15절 말씀에 근거하여 하나님의 필승전략을 강조하곤 하셨는데 그 전략 중 첫 번째가 거룩이다. 그만큼 거룩은 중요하며 기본이 된다(참고로 둘째는 하나님 앞에서의 예배이며 셋째는 하나님 앞에 모든 것을 내려놓는 완전한 순종이다). 앞에서 말한 의대생 역시 첫 번째로 제시한 거룩에 대한 가치를 접하고 나서 그런 변화를 경험하게 되었다고 했다. 그만큼 하나님이 제시한 필승전략이 실제로 청년들의 삶을 바로잡아 줄 전략으로 작용했던 것이다.

그리고 유럽에 갔을 때 체코에서도 이 본문으로 설교한 적이 있다. 그런데 그때 한 자매가 본문 중 14절에 대해 질문을 했다.

그가 이르되 아니라 나는 여호와의 군대 대장으로 지금 왔느니라 하는지라 여호수아가 얼굴을 땅에 대고 엎드려 절하고 그에게 이르되 내 주여 종에게 무슨 말씀을 하려 하시나이까(수 5:14)

여호수아가 군대장관에게 "너는 우리를 위하느냐 우리의 적들을 위하느냐"(수 5:13)라고 묻자 그에 대해 군대장관이 이런 대답을 한 것이다. 그런데 그 자매는 여기서 '아니라'가 어떤 의미인지를 물었다. 우리는 영어 성경으로 본문을 다시 살펴보았다.

"Neither," he replied, "but as commander of the army of the LORD I have now come." Then Joshua fell facedown to the ground in reverence, and asked him, "What message does my Lord have for his servant?"

'아니라'는 'neither'로 표현되어 있었다. 그것을 보니 의미가 더욱 명확하게 다가왔다. 참고로 'neither'는 완전 부정으로 '이쪽도 아니고 저쪽도 아니라는 것'을 뜻한다. 즉, 13절에서 군대장관은 '나는 이 편도 저 편도 아니며' 오직 "여호와의 군대 대장"(하나님의 편)일 뿐이라고 말했던 것이다.

그때 나 역시 하나님의 편에 선다는 것의 의미를 다시금 묵상하게 되었다. 그리고 하나님 편에 서는 것은 결국 히브리서 12장 14절의 "모든 사람과 더불어 화평함과 거룩함을 따르라 이것이 없이는 아무도 주를 보지 못하리라"와 연결된다는 것을 깨닫게 되었다. 하나님의 편이 되려면 반드시 화평과 거룩을 따라야 한다는 것이다. 그만큼 나에게 역시 거룩의 가치가 중요하게 다가왔다. 절대로 차선으로 두어서는 안 될 핵심 가치로서 말이다. 그리고 그 가치를 알았기에 거룩에 대해 청년들과 더 많이 나눌 수 있었다.

어쩌면 음란한 문화가 만연해 가는 이 세대 속에서 우리가 청년들에게 전해 줄 수 있는 최고의 사랑은 '거룩을 가르치는 것'이 아닐까 생각한다. 특히 거룩은 '지키면 좋고 안 지키면 그만'인 옵션이 아니라 의무이자 필수이다. 그러기에 이것이 아니면 주를 볼 수가 없다(히 12:14)는 경각심을 갖게 해주어야 한다.

물론 누군가는 그것을 회피하려고 하고 내 마음대로 살겠다고 할지 모른다. 하지만 적어도 하나님이 그토록 원하시는 거룩 앞에서 무릎 꿇을 줄 아는 청년들은 분명히 삶 전반에서 변화를 맞이하게 될 것이다. 그리고 하나님의 사람으로서 새로운 도약을 맞이하게 될 것이다. 나는 그런 실제적인 변화를 보았기에 더 많이 가르쳐 주고 싶다. 눈물로 살아 있는 간증을 나누었던 그 청년들이 더 많이 세워지기를 바라면서 말이다.

오래된 껍질을
벗겨 내라

남편이 OM선교회 이사장을 8년 정도 역임했던 적이 있었다. 그때 OM 사역 중에 독일에 있는 모스박에서 열린 ILM(International Leadership Meeting)에 참석하게 되었다. 그 모임 중 홍콩에서 사역하시는 스텔라 선교사님이 간증을 하셨다. 그분은 60대 싱글 여성 선교사였는데 사역적인 면에서는 너무나 탁월하신 분이었다. 어느 날 열심히 사역에 매진하던 그분은 갑작스럽게 중풍으로 쓰러져 병상에 눕게 되었고 매우 어려운 시기를 보내야 했다. 그 후로 1년 뒤, 기적같이 회복되어 이 간증을 하게 되었다. 우리는 병상에 있다는 소식을 듣고 꾸준히 중보기도를 했는데 다시 건강해진 모습으로 서게 된 것을 보자 무척 감격스러웠다.

그런데 더 놀라웠던 것은 선교사님이 본 환상이었다. 그 환상은 선교사님만이 아니라, 우리에게도 큰 반향을 일으켰다. 사실 선교사님은 쓰러지기 전, 사역은 너무나 잘하셨지만 다소 차가운 분이셨다. 특히 결혼을 안 하고 혼자 사시며 사역을 하다 보니, 죽을 각오로 열심히 일하셨다. 가족을 생각하면 몸을 조금씩 사리기도 할 텐데 그녀는 무조건 열심히만 했던 것이다.

안타깝게도 그런 상황에 있다 보면, 자신도 모르게 교만해지고 다른 사역자들을 정죄하기 쉬워진다. 나는 모든 것을 버린 채 이렇게 열심히 하는데, 저 사람들은 가족을 챙기고 자기 몸 챙겨 가며 사역한다고 비난하게 되는 것이다. 그야말로 '나는 이렇게 열심히 하는데 너희는 뭐냐?'는 생각을 하게 된 것이다.

그런 마음으로 사역하던 선교사님에게 하나님이 놀라운 환상을 총 세 가지로 보여 주셨다. 꿈에서 본 첫 번째 환상은 선교사님이 아무것도 못한 채 누워만 있었는데 그런 자신을 예수님이 품어 주시는 것이었다. 그때 그분은 크게 깨달았다. 일을 한다고 해서 하나님이 나를 예뻐해 주시는 것이 아니라, 하나님의 자녀이기 때문에 예뻐해 주신다는 사실이다. 그래서 아무것도 못한 채 누워만 있어도 안아 주시는 하나님의 사랑을 느끼게 되었다고 했다.

두 번째 환상은 추수할 시기가 되었을 때, 자신이 추수해야 할 밭에서 계속 이삭을 떼더라는 것이다. 그런데 꿈에서 자신은 5살 어린 여자아이에 불과했다. 사실 그 어린 여자아이는 나름대로 추수에 도움이 되고자 이삭을 뗐을 것이다. 하지만 그 아이가 떼면 얼마나 떼겠는가? 그것은 수확이라고 할 수도 없다. 그런데 예수님이 어린 자신을 보며 흐뭇하게 웃으시더라는 것이다. 이처럼 우리는 대단한 일을 한다고 하지만 실제로는 이삭 몇 알 떼는 것 정도밖에 안 된다. 그런데도 예수님은 그 모습을 보시며 행복해하시고 우리를 인정해 주신다. 하나님은 바로 이 사실을 환상을 통해 깨닫게 해주셨던 것이다.

마지막 환상은 자기가 늙은 독수리가 되어 있더라는 것이다. 특히 너무 늙었기 때문에 날갯죽지는 이미 딱딱하게 다 굳었고 아예 날지 못하는 상황이었다고 한다. 놀랍게도 그 독수리는 자기 부리로 오래된 자기 털을 하나하나 뽑았다. 당연히 아팠고 피도 많이 났다. 그런데 신기하게도 뽑고 나니 그 자리에서 솜 같은 깃털이 생기기 시작하는 것이다. 그리고 그 새로 난 깃털 때문에 다시 날 수 있게 되었다는 것이다. 그러면서 실제 중풍으로 누워 있던 자신도 벌떡 일어날 수 있게 되었다고 한다. 이 사건을 겪은 후에 스텔라 선교사님의 얼굴은 사랑으로 가득 넘쳐나게 되었다.

나는 그 간증을 듣는데 눈물이 막 났다. 정말 오래 신앙생활을 한 사람은 딱딱한 껍질이 될 수 있다. 나부터가 그렇다. 그런데 이대로는 아무것도 못 한다. 매일매일 하나님 안에서 처음 사랑으로 돌아가지 않으면 날 수가 없다.

이것은 이스라엘 민족의 모습과도 연관된다. 하나님은 그들에게 매일 만나를 주셨는데 쌓아 두지 못하게 하셨다. 만약 몰래 쌓아 두면 썩어서 결국 버리게 될 뿐이었다. 즉, 그날 먹을 만나는 그날 받아야 하고, 그날 받은 만나는 그날 먹어야 했던 것이다. 어쩌면 이것은 우리가 날마다 새로운 은혜 앞에 나가지 않으면 안 됨을 가르쳐 주는 것일 수도 있다. 정말로 우리는 매일, 아니 매 순간 새로운 은혜가 필요하다. 그날그날의 양식을 못 먹으면 오늘 쓰러지는 것이다. 그래서 먹어야 한다. 매일 하나님으로부터 신선한 양식을 공급받아야 한다.

스텔라 선교사님의 간증은 오랜 기간 신앙생활을 해온 나에게 놀라운 자극제가 되었다. 나에게도 붙어 있는 오래되어 딱딱해진 털을 발견하게 해주었고 보드라운 솜털 같은 깃털을 주시려고 기다리시는 하나님의 마음을 알게 해주었다. 그리고 그 깨달음 속에서 새로운 자유를 얻게 되었다. 내가 무엇인가를 하려 했던 부담과 강박관념에서 벗어나 하나님의 은혜로 일하는 사역자로서 날 수 있게 되었다. 그래서 이제는 사역에 대한 부담이 찾아와도 그 부담을 내가 안고 있지 않는다. 나는 그 짐을 고스란히 주님께 드린 채, 마음껏 기쁘게 날아가기만 하면 된다.

사랑으로 묶여 있으면
영적 신호가 잘 흐른다

2015년 5월, 당시 남편은 서울노회 노회장이었는데 그 시기에 노회 임원들과 유럽에 수련회를 가게 되었다(비엔나의 한 식당에서 하나님의 특별한 세레나데를 듣게 된 이야기를 앞에서 소개했는데, 같은 시기에 일어난 일이다). 우리 일행은 첫째 날 체코 프라하에 갔는데 그곳이 유난히 도둑들이 많이 오는 곳이었기 때문에 사전에 도둑을 조심하라는 교육을 철저히 받았다. 그래서 '여보'를 잘 챙기라는 말을 하기도 한다. 참고로 여기서 여보는 내 사랑 여보가 아니라, 여권과 보물의 줄임말이다.

사실 도둑을 조심하라고 주의를 시키긴 하지만, 나는 그다지 걱정하지 않는 편이었다. 매사에 철두철미하게 내 짐을 잘 지키는 스타일이기 때문이다. 이런 나와는 달리 남편은 잘 잃어버리는 스타일이라 카드, 돈, 여권, 휴대폰과 같은 중요 물품은 내 배낭에 모두 넣고 다닌다. 그러면 절대로 잃어버릴 일이 없다. 그리고 아직까지 한 번도 잃어버린 적이 없었다. 그날 역시 내 배낭에 그 물품들을 넣고 호텔에 들어왔다.

그런데 호텔 로비에서 잘 아는 선교사님을 만나게 되었고 너무 흥분한 나머지 어쩔 줄 몰라 했다. 얼마나 반가웠는지 얼싸안고 안부를 묻느라 정신이 없었다. 그러고는 어느 정도 인사를 나눈 후, 방으로 들어왔다.

나는 방으로 들어오자마자 화장실에 갔는데 물티슈를 찾으려고 보니 내 배낭이 없는 것이다. 가만히 생각해 보니, 선교사님과 인사를 나누는 동안 배낭이 무거워 로비에 있는 소파에 내려놓았던 것이 아닌가. 내가 방으로 온 지 이미 10여 분이 지났고, 그 사이에 도둑은 그 배낭을 가져가고도 남았을 것 같았다. 특히나 그 호텔은 동유럽 도둑들이 원정 오는 일종의 성지였으니 이미 사라졌을 게 분명했다.

나는 남편에게 이 사실을 말했고 그대로 주저앉았다. 바닥에 무릎 꿇은 채로 기도를 하는데 첫마디가 이랬다.

"하나님. 이건 아니잖아요."

'남편이 노회장이라 리더 격으로 일행들을 인도해야 하는데······. 심지어 첫날인데······. 우리가 그 가방을 잃어버리면 어떻게 된단 말인가?' 정말이지 그렇게 되면 모든 게 꼬이게 된다. 같이 온 임원분들은 그분들대로 피해를 보게 될지 모른다.

"하나님. 거기 있어야 해요. 내 배낭."

그런데 말도 안 되게 평안함이 찾아왔다. 분명 하나님이 주신 평안이었다. 그리고 얼마 지나지 않아 남편이 내 배낭을 메고 여유롭게 올라왔다. 우리는 그 가방을 붙들고 다시 무릎 꿇고 기도했다. 그 자리에서 기적을 또 체험했으니, 그냥 감사 외에는 아무 말도 나오지 않았다.

후에 그 이야기를 가이드에게 했는데 도무지 믿기지 않는다고 했다. 어떻게 로비에 있는 소파에 가방이 그대로 있을 수 있냐며! 그만큼 이 일은 하나님의 도우심이 아니고서는 설명할 수 없는 사건이었다.

그렇게 은혜 가운데 일정을 다 마치고 귀국을 했다. 그리고 그때 있었던 놀라운 간증을 마더와이즈에서 나누었는데 한 조원이 깜짝 놀라는 것이었다. 내가 여행 전에 마지막으로 카톡을 나눈 분이 바로 그 조원이었는데 그 집사님이 운전하는데 하나님이 갑자기 명령하셨다는 것이다.

"우리 경숙이를 위해 기도해라."

사모를 위해 기도하라는 것도 아니고, 내 이름을 대며 기도를 시키셨다는 게 아닌가? 그때 그 집사님은 웃으며 이렇게 대답했다고 한다.

"하나님. 무슨 소리세요. 저 운전하잖아요. 그리고 사모님이 나를 위해 기도해야죠. 하하."

그런데 하나님은 계속 내 기도를 시키셨다.

"경숙이가 아주 급하다."

이야기를 더 자세히 나누어 보니, 내가 가방을 소파에 두고 그냥 올라갔던 때가 바로 집사님이 운전하던 때였음을 알 수 있었다. 그 10여 분간의 짧은 시간에 하나님은 가방을 보호하시려고 기도를 시키신 것이다.

결국, 그 기도로 하나님은 도둑들의 눈을 가려 주셨고 가방 그대로를 다시 찾을 수 있었다. 나중에 이 이야기를 목사님들 모임에서 했더니 한 목사님이 웃으시며 이렇게 말씀하셨다.

"하나님, 편애하시네."

그분 역시 해외 사역을 많이 가시는 분인데, 밀라노에 갔다가 여권과 지갑을 다 잃어버린 적이 있다고 하셨다. 다행히 대사관에서 도와주었지만, 그때 꽤 많은 고생을 하셨다는 것이 아닌가. 그런데 사모님은 너무 큰 은혜를 입은 것 아니냐며 농담 삼아 그런 말씀을 하신 것이다.

나는 그때의 사건을 통해 우리의 모든 것을 보호하시고 지켜 주시는 하나님의 능력을 깨달았고 그와 동시에, 기도를 통해 사람들을 하나 되게 하시는 하나님의 뜻도 되새길 수 있었다. 사실, 하나님은 그냥 누군가로부터 중보기도를 받지 않아도 도움을 주실 수 있다. A를 도와주시려면 B의 중보기도를 거치지 않고도 바로 A를 도와주실 수 있다. 그런데 왜 굳이 B를 통해 기도를 하게 하실까? 그만큼 하나님은 우리가 영적으로 하나가 되길 원하신다. 이처럼 하나님은 우리 안에서 사랑이 원활히 흐를 수 있도록 장치를 마련해 주신다. 특정 사건을 통해 서로를 위해 더 기도하게 하시고 그 모든 과정을 통해 더 깊은 관계로 나아가게 하신다.

앞으로도 우리는 위급할 때 영적인 신호를 주고받게 될 것이다. 육신으로는 피 한 방울 섞이지 않은 남남 같지만, 성도라는 공동체는 하나님이 묶어 주신 긴밀한 관계이기 때문이다. 아니, 유기적으로 묶여 있는 한 지체, 곧 한 몸이기 때문이다.

미래를
여는 사람

우리 남편 설교 중, 내가 유난히 좋아하는 설교가 하나 있어 소개해 볼까 한다. 설교 제목은 '미래를 여는 사람'(느 1:1-5)이다.

미래를 여는 사람은 세 가지 조건을 가져야 한다. 첫 번째는 자기 자신에게 열려 있어야 한다. 그런데 여기서 자신에게 열려 있다는 것은 교만하여지라는 것이 아니라, 자신을 '바로' 볼 수 있는 마음을 가져야 한다는 것이다. 곧 열등감을 극복하는 것과도 관련이 깊다.

두 번째는, 이웃에게 열려 있어야 한다. 여기서 감동적인 예화가 하나 등장한다. 남편 친구 목사님이 한 분 계시는데, 그분은 큰 꿈을 안고 미국으로 가셨다. 그러나 그곳에서 목회를 잘하려고 많은 노력을 하셨음에도, 생각처럼 잘 되지 않아 마음고생을 하셔야 했다. 이 교회에서도 안 되고, 저 교회에 가도 안 되고. 모두 안 되는 일뿐이었다. 결국 처음에는 동부에서 시작하다가 나중에는 LA까지 오게 되었다. 그리고 그곳에서조차 쫓겨나게 되었다.

그런데 그 시기, 목사님과 반대로 사모님은 너무나 승승장구하는 것이었다. 의사로서, 상담가로서 명성을 떨치기 시작하는데, 남편의 입장에서 그 상황은 더 괴로울 수밖에 없었다. 급기야 목사님은 이혼하자는 말까지 했다고 한다. 물론, 진짜 이혼하고 싶을 만큼 힘들기도 했지만, 또 한편으로는 '이 사람이 진짜 날 좋아하는지, 아닌지'를 확인해 보고 싶어서 기도 했다. 그만큼 목사님은 초라해질 대로 초라해진 상황이었다. 그러나 사모님이 제발 살아 달라고 간청할 정도로 매달렸다.

다행히 아내의 마음을 알게 되어 감사했지만, 그런데도 힘든 마음이 사라질 수는 없었다. 그러던 어느 날 밤, 목사님은 도저히 견딜 수 없어 밖으로 뛰쳐나가셨다. 그때 고등학교 1학년이던 아들이 아빠를 따라 나왔다.

"아빠. 왜 이래?"

자신을 붙드는 아들을 보자, 목사님은 마음이 무너져 내렸다. 그냥 아들과 부둥켜안은 채 울기만 했다.

"너희에게 잘해 주고 싶은데 해줄 수 있는 게 없구나."

놀랍게도 그다음부터 아들이 변화되기 시작했다. 그전까지만 해도 공부를 대충대충 했는데 그 일이 있고 난 후부터 열심을 다해 공부를 하는 것이 아닌가. 결국, 졸업할 때 미국 전체 톱 0.1%에 들어갈 정도의 성적을 받게 되었다. 그리고 최고의 대학에 들어갔다.

아들이 대학에 합격한 후, 목사님은 너무 기뻤다. 그러면서 질문을 건네셨다.

"너 그때 그 일이 있고 난 후부터 공부를 열심히 한 것 같은데…… . 어떻게 그렇게 될 수가 있지?"

아들은 씩 웃으면서 이렇게 대답했다.

"아빠 믿고는 못 살 것 같아서."

그 역설의 미학이 담긴 대답 앞에서 아빠는 또다시 기쁨의 눈물을 흘렸다. 그렇다. 부둥켜안고 울었던 그 일이 있었던 날, 아들은 아빠에 대한 사랑을 온전하게 느꼈던 것이다. 내가 아빠를 사랑한다는 것도. 아빠가 나를 사랑한다는 것도. 그리고 그 순간 철이 들어 버렸다. 그렇게 아버지의 사랑과 아버지를 향한 사랑을 느끼자 기적이 일어나게 되었다.

이처럼 여기서 말하는 이웃은 옆집에 사는 이웃이나 먼 이웃만을 대상으로 하지 않는다. 가족도 이웃이다. 무엇보다 가장 가까운 이웃인 가족에게 먼저 열려 있어야 한다.

세 번째는, 하나님께 열려 있어야 한다. 아무리 나 자신에게 열려 있고, 이웃에게 열려 있어도 우리에게는 미래를 열 수 있는 힘이 없다. 하나님의 도우심 없이는 아무것도 되지 않는다. 그야말로 하나님께 기도하며 한걸음 한걸음씩 나아가야 한다.

이와 관련해서 원종수 권사님의 이야기가 등장한다. 원종수 권사님은 어려서부터 어머니에게 신앙훈련을 잘 받은 분이셨다. 특히 어머니는 기도를 늘 강조하곤 하셨는데 하루는 이런 말씀을 하셨다고 한다.

"종수야, 네가 엎드리면 앞선다. 엎드리면 사람 보지 않는다. 엎드리면 하나님이 일하신다."

나에게 열려 있고 이웃에게 열려 있고 하나님께 열려 있는 사람, 그 사람이 바로 미래를 여는 사람이다. 나의 미래는 바로 이 세 가지에 달려 있다.

주의 전에
영원히 살고 싶은
소망을 가지다

은퇴를 2년 앞두고 갑자기 사택을 팔 일이 생겨 장로님들과 얘기가 오가던 중, 원로목사가 되었을 때 받게 될 예우에 대해 듣게 되었다. 보통 원로목사님에게 집을 사 드리는 예우가 있다는 것을 듣곤 했는데 감사하게도 우리에게도 은퇴 후에 그런 기회가 주어진다는 것이다.

그런데 예전부터 우리 부부가 생각했던 일이 있었는데, 만약 우리가 원로목사가 되어 그런 예우를 받게 된다면 명의는 교회로 하자는 것이었다. 한마디로 우리가 잠시 살긴 하겠지만, 우리 것으로 돌리지 않겠다는 것이다.

그러나 걸리는 것이 없을 수 없다. 우리만 생각하면 교회 것으로 돌려도 아무 문제가 없겠지만 자녀를 생각하면 괜히 미안해지는 것이다. 실제로 사람들이 재산을 많이 모으는 이유 중 하나가 후대에 물려주기 위해서가 아닌가. 그러기에 다 쓰지 못하는 것을 알면서도 더 모으려고 한다. 사실 우리도 그런 생각을 할 수밖에 없다. 특히나 큰아들은 교회에서 제공해 주는 사택에서 살고 있지만, 그 이후에는 다시 보금자리를 마련해야 하는 상황이다. 또한 작은아들은 많지 않은 사례비로 좁은 빌라에 전세로 살고 있다. 솔직히 더 해주고 싶었지만, 그 정도밖에 해줄 수 없는 상황이었다. 그런데 우리에게 집이 하나라도 생겨 나중에 물려주게 되면 얼마나 좋겠는가? 하지만 우리는 그 결심을 지울 수 없었다.

하루는 우리의 결심을 솔직하게 이야기했다. 그런데 아들들은 조금도 아쉬워하지 않았다. 오히려 너무나 당연한 결정이라고 말해 주었다.

"엄마, 아빠. 정말 잘하셨어요. 너무 훌륭하게 잘 결정하셨어요."

"만약 엄마, 아빠가 안 그러셨으면 우리라도 교회에 다시 헌금했을 거예요."

정말 우리 아들이라지만 대견하고 눈물 났다. 그런데 솔직히 말해서 아들들보다 걸리는 것은 며느리들이었다. 아들들은 부모를 이해한다지만, 며느리들 입장에서는 아쉬울 수 있지 않겠는가. 아니, 오히려 어떤 며느리들은 아쉬움을 넘어서서 원망할 수도 있다. 그런데 며느리들은 오히려 아들들보다 한 수 위였다.

"어머니. 저희는 이미 받은 것만으로도 감사해요. 저희가 봉양해 드리지도 못하는데, 앞으로 사시는 동안 저희가 부모님 집 걱정은 안 해도 되는 거잖아요. 그게 너무 감사해요."

그냥 '저희는 괜찮아요.' 이랬다면 여전히 미안한 마음이 남아 있었을 텐데, 저렇게 이유까지 대면서 부담 갖지 말라고 하니 더 고마웠다. 며느리들이 착한 것은 이미 진작부터 알았지만, 솔직히 이 정도인 줄 몰랐다.

친구에게 이 얘기를 했더니 "너무나 잘했다."라고 한마디 하고는, "그런데 너희 애들은 진짜 요즘 애들 아니다."라고 하며 "이런 게 하나님께 영광 돌리는 거야." 한마디 덧붙였다. 내 친구는 아주 큰 교회 권사님이다(앞에서 얘기했던 자동차 사고 때 옆자리에 있었던 친구다).

사실 누군가는 그게 무슨 대단한 결정이냐고 할지 모른다. 쉽게 내릴 수 있는 결정이라고 생각할 수도 있다. 하지만 몇 억에 해당하는 큰돈을 자녀에게 물려줄 수 있는데, 그 기회를 포기한다는 것은 결코 쉬운 일이 아니다. 특히 여유가 넘쳐 자녀들에게 좋은 거처를 제공해 줄 수 있는 상황이었다면 쉽게 결정했을지 모르나, 그런 상황이 아니기에 더 고민될 수밖에 없었다. 이 결정이 쉽게 내려진 것 같지만, 마음은 여러모로 복잡했다. 분명 나도 수많은 갈등이 일어났었으니까.

감사하게도 하나님은 이 결정에 힘을 불어넣어 주셨다. 이런 결단을 내린 다음 날, 큐티 말씀이 "내가 여호와께 바라는 한 가지 일 그것을 구하리니 곧 내가 내 평생에 여호와의 집에 살면서 여호와의 아름다움을 바라보며 그의 성전에서 사모하는 그것이라"(시 27:4)였다.

눈물이 왈칵 쏟아졌다. 내가 바라는 것 한 가지……. 주의 전에 평생 거하는 것……. 이토록 아름답고 영광된 일이 또 어디 있겠는가? 그런데 만약 우리가 받은 집을 교회 이름으로 돌리게 되면, 그야말로 이 영광을 그대로 누리게 되는 것이다. 죽을 때까지 주님의 집에서 사는 것이 될 테니 말이다.

나는 메시지 성경으로도 이 말씀을 다시 찾아보았다(항상 그런 것은 아니지만 메시지 성경을 통해 말씀의 의미를 더 깊이 깨닫는 경우가 있으므로 종종 활용하곤 한다).

"내 평생 그분의 집에서 그분과 함께 살며 그분의 아름다우심 묵상하고 그분의 발치에서 전심으로 배우는 것……."

내가 하나님과 평생 함께 살 수 있다니……. 그리고 그분의 발치에서 여생을 보낼 수 있다니……. 솔직히 나는 그 결단이 나름의 헌신이나 희생인 줄 알았다. 그런데 그것이 아니었다. 오히려 영광스러운 혜택을 입는 것이었다. 나는 너무나 감격스러워 이 구절을 그대로 적어 두었다. 그러고는 '2017년 9월 5일 은퇴를 앞두고 큰 결심 주신 이후 응답으로 주신 말씀'이라고 적어 놓았다. 이런 기록 역시 하나님과 나와의 특별한 추억으로 남을 테니 말이다.

그런데 하나님은 이것으로 끝내지 않으시고 한 번 더 말씀으로 나를 격려해 주셨다. 두 달도 되지 않은 2017년 10월 31일에 하나님의 특별한 편지가 또 도착한 것이다. 이전에 며느리가 크레이그 그로쉘 목사님 교회에서 만든 성경 앱을 깔아 준 적이 있는데, 그 앱을 깔면 정기적으로 말씀이 뜬다. 그런데 그날 말씀이 바로 이사야 48장 17절이었다.

너희의 구속자시요 이스라엘의 거룩하신 이이신 여호와께서 이르시되 나는

네게 유익하도록 가르치고 너를 마땅히 행할 길로 인도하는 네 하나님 여호
와라

솔직히 말하자면 그날 새벽, 마음이 많이 흔들렸다. 만약 주님께 바치
지 않으면 우리 하준이, 하린이, 하영이, 하엘이, 하나의 얼굴이 떠오르
며 저 아이들, 조금이라도 더 편하게 해 줄 수 있을 텐데 하면서……. 그
런데 하나님은 그걸 또 어떻게 아셨는지 힘내라며 응원해 주신 것이다.
나는 그 말씀을 계속 되뇌었다.

"너희의 구속자시요……. 아멘"

"나는 네게 유익하도록 가르치고 너를 마땅히 행할 길로……. 아멘,
또 아멘."

나중에 그 이야기를 또 했더니 아들들은 더 단호하게 말했다.

"엄마. 우리 부끄럽게 만들지 마. 진짜 우리는 나중에 엄마, 아빠 천국
가시면 무학교회 헌금하려고 했다니까."

사실 내가 갈등하는 게 자녀 때문인데, 아무래도 그걸 잘 아는지 더
강하게 나오는 것 같다. 솔직히 저렇게 말하면 우리 역시 더 마음 편하게
결정할 수 있지 않은가.

특히 아들들 내외가 저렇게 해주니 더 예뻐해 주고 싶고 더 잘해 주고
싶어졌다. 뭔가 애끊는 심정이 차오른다고 해야 할까? 저번 추석 때는
다시금 고맙다고 진심을 전했더니 아들들은 이렇게 말했다.

"엄마가 그렇게 키웠잖아."

"그래도 며느리들은……."

"엄마. 그 며느리들을 우리가 골랐잖아."

후배지만 너무나 존경하는 목사님이자 교수님이신 분께 제일 처음 이 이야기를 나눈 적이 있는데, 그분 역시 눈물로 반응하셨다. 물론 처음에는 만류하는 듯했다.

"사모님. 왜 그러셨어요?"

그러나 그것은 시작일 뿐, 바로 이어서 자신의 본론을 밝히셨다.

"그런데 잘하셨어요. 저희도 목사님 따라갈게요. 진우, 진석이 위해서 더 기도하겠습니다."

사실 어찌 보면 그 돈은 아무것도 아니다. 만약 그 집값을 7억 정도라고 해 보자. 아무리 그 돈이 크다지만 그 돈을 가족과 바꿀 수 있을까? 아마 자녀를 납치한 후, 7억을 내놓으라고 한다면 어떻게 해서든 빌려서라도 그 돈을 내고 자녀를 찾아올 것이다. 그렇게 따지고 보면 그 돈은 정말 아무것도 아니다. 실제로 목사님께 물어본 적이 있다.

"여보. 나 7억에 바꿀 수 있어?"

"아니, 무슨 소리야. 7조라도 못 바꾸지."

"허풍 떨지 말고 7억이라고 가정하고 생각해 봐. 7조는 너무 상상 속 이야기 같잖아."

"알았어. 그런데 7억으로 당신 못 바꿔."

그런데 한 사람 당 7억이라고 한다면 네 식구일 경우, 28억이다. 거기에 며느리, 손주들까지 생각하면 엄청나다. 그러니 7억은 정말 아무것도 아니다. 그야말로 생각하기 나름인 것이다.

문득, 이 이야기가 떠오른다. 와인즈버그 성에 적이 쳐들어왔는데, 적수가 너무 강해 패배하게 되었다. 그때 성주는 협상을 했다. 우리가 항복할 테니 여인들과 아이들은 살려 달라고. 그리고 그들도 살아야 하니까 보물 한 가지만 가져가게 해달라고……. 적의 수장은 '뭐 보물이 많으니 그 정도쯤이야' 하며 승낙했다.

그리고는 성이 열렸다. 그런데 성문이 열리자 적들이 다 울기 시작했다. 여인들이 자기 남편을 다 업고 나온 것이었다. 여인들에게는 남편이 보물이었던 것이다.

하나님께서 우리에게 주신 보물 두 가지가 있는데 그 하나는 하나님과의 동행이고 또 하나는 가족이라고 한다. 과연 우리는 우리의 보물을 잘 간직하고 있는가!

PART 6

상처 &
열등감
제거 대작전

'나 이 정도면 돼!' 이 힘으로 살아가자

사람은 자기 자신의 말을 제일 잘 듣는다

입의 3초가 가슴속에서 30년 간다(아니, 그 이상이다)

마귀로부터 오는 커다란 병 두 가지, '죄책감'과 '열등감'

점을 빼면 나와 내 주변 사람 모두가 행복해진다

지지받는 것을 알면 없던 힘도 생긴다

너의 당당함은 대체 어디서 온 거니?

내 머리는 내 마음대로……

참으라. 이것까지 참으라

Resilience! 심히 좋았던 그때로의 회복!

하나님을 사랑하고 이웃을 사랑하는 것, 이것이 전부가 아니다.

나 자신을 '그 누구도 아닌 내가' 사랑할 수 있어야 한다.

진정으로 하나님의 사랑을 받았다면, 나 자신을 사랑할 수 있어야 한다.

진정으로 이웃을 사랑할 힘을 얻으려면, 나 자신을 사랑할 수 있어야 한다.

그것이 실현될 때, 하나님이 원하시는 사랑이 완성된다.

Part 6에서는 나 자신을 온전히 사랑하기 위한 전초 작업으로

상처와 열등감 제거 작전을 펼치게 된다.

'나 이 정도면 돼!'
이 힘으로 살아가자

어느 날 하나님이 이렇게 말씀하셨다.

"경숙아. 너 진짜 성숙함이 무엇인지 아니?"

진짜 성숙함? 성숙함에 대해 많이 고민은 해왔다지만 막상 떠오르지 않았다. 그때 하나님이 깨닫게 해주시는 마음이 있었다.

"너 자신을 아는 것이 성숙한 거야."

나를 제대로 아는 것이 성숙의 기초였다. 그리고 이것이 제대로 확립되어 있으면 행복할 수 있는 것이다. 예를 들어 단체 사진을 볼 때 우리는 무엇에 주목하는가? 배경, 주변 사람은 뒷전이다. 일단은 나부터 본다. 만약 내가 잘 나왔으면 좋은 사진이고 내가 못 나왔으면 망한 사진이다. 원리는 똑같다. 내가 자신감을 가지고 있으면 세상은 행복한 곳이 된다. 그러나 열등감에 싸여 있으면 내가 사는 세상은 지옥이다.

그렇기에 '내가 건강하고 나 이 정도면 돼.' 이것 하나면 충분하다. 그것만으로도 살아갈 수 있다. 안타깝게도 요즘 엄마들은 이것을 제외한 채 다른 것으로 자녀의 인생을 채우려 한다. 좋은 스펙을 가지면 행복한 인생이 만들어지리라 생각한다. 정작 자기 자신은 발견하지 못했는데 좋은 스펙 쌓는 것부터 하라고 한다. 결국, 가장 중요한 것을 빠뜨리고 있는 것이다.

솔직히 뒤에서 다루겠지만 나 역시도 열등감에 사로잡혀 살던 사람이었다. 그러나 하나님을 통해 정체성을 찾고 나서는 인생 자체가 뒤바뀌었다.

"경숙아. 내가 너 얼마나 사랑하는 줄 아니? 내가 너를 너무 사랑하고 내가 너 때문에 너무 즐겁고 기뻐."

하나님은 스바냐 3장 17절 말씀을 주시면서 그렇게 고백하셨다. 나는 네가 너무 좋다고. 너 때문에 내가 기뻐서 죽겠다고. 그때부터 '나 주님의 기쁨 되기 원하네'라는 곡은 내 주제곡이 되었다. 그리고 누가 뭐라고 하든, 누가 어떻게 생각하든 나를 좋아하시는 하나님 때문에 행복하게 살 이유를 얻게 되었다. 내가 얼마나 사랑스럽고 아름답고 멋진지도 알게 되었다. 그 이후로 나는 항상 이렇게 생각한다.

"나 이 정도면 참 괜찮아!"

사람은
자기 자신의 말을
제일 잘 듣는다

나는 토크쇼의 여왕이라 불리는 오프라 윈프리를 굉장히 좋아한다. 그는 당당한 여성의 상징이 아닐까 생각한다. 그런데 그가 했던 말 중, 유난히 내 가슴에 오래 남아 있는 것이 하나 있다.

2007년, 오프라 윈프리는 하워드대학교에서 명예박사학위를 받았는데 참고로 흑인에게 하워드대학교는 백인에게 하버드대학교나 마찬가지다. 그만큼 그 자리는 명예로운 자리였다. 그때 그녀는 울면서 학위증을 든 채로 이렇게 말했다.

"여러분. 이 상은 중요한 것이 아닙니다. 여러분이 여러분에게 주는 상이 진짜입니다."

정말이지 누가 나에게 주는 상보다 내가 나에게 주는 상이 제일 중요하다. 아무리 상을 많이 받아도 내가 나에게 상을 줄 수 없다면 그것은 비극적인 일이다. 특히 사람은 자기 말을 제일 잘 듣는다. 아무리 다른 사람들이 나를 칭찬해도 내가 나를 칭찬하지 못하면, 다른 사람의 칭찬이 인정되지 않는 것이다. 여전히 자신은 열등감 속에서 사로잡히게 되는 것이다. 그래서 아무리 사람들이 '너 참 예뻐.'라고 말해 주어도 내가 나를 예쁘다고 생각하지 않으면 평생 못생긴 사람으로 살게 된다. 또한 '넌 소중해.'라고 말해 주어도 내가 내 가치를 인정하지 않으면 항상 '무가치한 존재'로 자신을 비하하게 된다.

그러기에 내가 나를 칭찬하는 기회를 가져야 한다. 내가 나에게 얼마나 많은 상을 주었는지도 돌아보아야 한다. 난 분명 하나님이 최고라고 인정하신 존재인데, 그것에 맞게 나 자신을 우대해 주었는지를 생각해 보아야 한다.

그렇게 당당함을 찾고 자신감을 얻으면 세상을 멋지게 살아갈 여유가 생긴다. 그리고 그런 부모를 보고 자란 아이들 역시 당당하게 이 세상을 살아가게 된다. 아이는 부모의 말을 듣고 크는 것이 아니라, 부모의 살아가는 모습을 보고 자라기 때문이다.

입의 3초가
가슴속에서
30년 간다
(아니, 그 이상이다)

입의 3초가 가슴에 30년 간다는 말이 있다. 이 말을 종종 나누곤 했는데 한번은 77세 노인분이 이렇게 말씀하셨다.

"고작 30년? 60년 간다니까요."

아니 60년도 더 갈 것이다. 그 상처는 얼룩 지우는 전문가가 아니면 절대 해결이 안 된다.

나 역시 입의 3초가 30년간 가슴에 남았던 것을 경험한 적이 있다. 진우와 진석이가 6살, 7살이었을 때, 이 아이들이 조금씩 모은 코 묻은 돈을 주며 생일선물로 사고 싶은 것을 사라고 했다. 아이들이 모아 봤자 얼마나 모았겠는가. 하지만 내게는 너무 귀하고 소중한 선물이었다. 나는 그것으로 내가 평소에 사고 싶었던 검정색 끈 민소매 한 장을 샀다. 여름에 시원하게 입을 수 있는 것인데 끈만 달려서 더 시원하게 입을 수 있는 그런 옷이었다. 거기에 패션으로 활용하기에도 좋았다. 나름 아이들이 준 소중한 돈으로 내가 갖고 싶었던 것을 사게 되어 고마웠다. 나는 그것을 입고 모처럼 남편에게 미모를 과시하고 싶었다.

"나 어때?"

남편은 웃으면서 한마디 했다.

"레슬링 선수 같아."

거의 3초 분량의 대사였다. 하지만 그 짧은 대사가 아주 오래갔다. 누군가는 정말 농담 삼아 넘길 수 있는 말이었을지 모른다. 실제로 남편도 농담 삼아 한 말이었다. 그러나 나는 열등감에 그 이야기를 듣자 견딜 수 없었다. 그 일곱 글자가 가슴에 뚜렷하게 새겨졌다. 지금 기준으로 보면, 정확히 30년이다. 아직도 지워지지 않은 한마디였다.

비슷한 일이 한 번 더 있었는데, 남편과 둘이서 행복한 휴가를 즐기던 중이었다. 그 기간만큼은 교회 일을 잠시 내려놓고 여유를 즐길 수 있어 너무 좋았고 감사했다. 그때 우리는 의자에 앉게 되었는데 여름이다 보니 시원하게 반바지를 입고 있었다. 그리고 그 시원함 속에서 나는 정말로 행복한 하루를 보낼 수 있을 거라 생각했다. 그런데 한순간 그 모든 기대가 무너져.

"여보. 당신 다리는 박세리 다리 같아."

3초 혹은 4초가량 걸리는 그 말 한마디 이후로 행복할 것만 같았던 휴

가지는 전투장으로 변했다. 정말 이번에도 남편은 장난으로 한 말이었다. 나름 위트 있는 개그를 쳐서 재미를 유발하려고 던진 말이었던 것이다. 그런데 그것이 아무리 장난이었다고 해도 그쪽으로 열등감을 가진 나에게는 충격으로 다가왔다.

신기하게도 그 이후로도 어쩌다 다툴 일이 생기면 그때의 일화들이 재등장하곤 했다. 모든 싸움이 그것과 연관되어 버리는 것이었다. 열등감을 자극했던 그 시기로 다시 돌아간다고나 할까? 그뿐만 아니라, 그때의 트라우마 때문인지 나는 그 이후로 치마를 안 입게 되었다. 솔직히 내다리가 못생긴 것도 아닌데, 그때부터는 치마를 거부했다. 그만큼 그 말한마디의 파급효과는 어마어마했다.

사실 열등감을 가지고 있던 내가 가장 큰 문제일 수 있다. 하지만 그이전에 말을 하는 사람도 조심해야 한다. 나 역시도 무심코 내던진 말로누군가에게 지울 수 없는 상처를 주었을지 모른다. 나는 그냥 물어본 것인데 누군가에게는 그것이 자신의 콤플렉스를 자극하는 말이 될 수 있다. 또한, 장난으로 한 말인데 그 사람은 자신을 공격한 것이라며 분노에휩싸일 수 있다. 특히나 사람마다 가지고 있는 열등감의 종류가 다 다르기에 이런 갈등은 더 많이 일어날 수 있다. 나에게는 별거 아닌 말이 상대에게는 민감한 것이 될 수 있는데, 상대가 그것에 대해 민감해하는 것을 몰라 사고가 터질 수 있는 것이다.

결론적으로 우리가 이런 상황을 극복하려면, 조심하고 또 조심해야한다. 나부터가 조심해야 한다. 상대방의 열등감을 탓하기 전에(그 부분은 하나님과 그 당사자가 해결해야 할 문제이니 말이다.) 내가 그것을 건드리지 않게 노력해야 한다.

그래서 나는 마더와이즈 강의할 때 '말하기 전 일단 정지'할 것을 가르친다. 사탄의 최고 전투 장소는 입이기 때문에 어떤 말을 하기 전, 일단 멈추라는 것이다. 특히 사탄은 우리의 아킬레스건을 잘 알고 있기 때문에 말을 통해 그것을 건드리려고 한다. 살짝만 건드려도 폭발할 것을 알기에 더 자극한다.

그렇기에 사탄의 공작에 빠지면 안 된다. 혹시나 이 말이 그 사람에게 상처가 되지는 않을지 한 번 더 생각해 본 후 말해야 한다. 그리고 남편이나 아이들 때문에 화가 났을 때도 '하나, 둘, 셋' 하면서 마음을 가라앉힌 후에 말해야 한다. 화가 난다고 순간 질러 버리면 그 다음 수습하는 것은 더 복잡하고 어려워진다. 3초를 수습하는 데 30년, 60년, 90년이 걸릴 수도 있다.

(그런데 또 다른 상황의 상처에 대해 얘기하고 싶다. 가슴 아픈 말을 들어서 받은 상처도 엄청나지만 진짜 '듣고 싶은' 말을 못 들었을 때 오는 상처가 더 아프단다. 사랑하는 아내가, 남편이, 자녀가 꼭 듣고 싶었던 말을 못 들었을 때 오는 상처는 더 크다고 한다. 그래서 우리는 말을 잘 배워서 잘 써야 한다. 잠언의 말씀이 마음에 다가온다. '경우에 합당한 말은 아로새긴 은 쟁반에 금 사과니라')

하나님이 주신 입을 마귀의 전투 장소로 내어 주지 말고 하나님과 피조물이 화합하는 단합의 장으로 만들자. 말하기 전 '하나, 둘, 셋'만 세어도 내 입을 충분히 그런 공간으로 만들 수 있다.

마귀로부터 오는
커다란 병 두 가지,
'죄책감'과 '열등감'

앞의 내용에서 내가 열등감에 깊이 빠져 있었음을 고백했다. 이제 내가 가진 열등감이 무엇이었는지에 대해 이야기해 보고자 한다.

나는 첫사랑 때문에 마음고생을 꽤 했던 사람이다. 그리고 그 일로 나에게는 심한 열등감이 뿌리박히게 되었다. 어릴 적, 내가 너무나도 좋아하는 사람이 있었는데 나는 덜컥 그에게 내 친구를 소개해 주었다. 내가 좋아하는 사람에게 내 친구를 소개해 주는 것이 뭐가 문제일까 싶었다. 그런데 그게 바로 문제였다. 내가 좋아하는 그가 내 친구를 좋아하기 시작한 것이었다. 나는 이런 일이 일어나리라고는 조금도 상상하지 못했다.

그런데 내가 더욱 당황스러웠던 것은 내가 그 친구보다 못할 게 없었다는 사실이다. 그 친구에게 정말 미안하지만, 공부도 내가 더 잘했고 학교도 더 좋은 곳을 다니고 있었다. 당시 내가 다니던 인일여고는 인천의 명문 중 명문이었다. 학교 이름 자체가 자랑하고 싶은 브랜드였다. 그리고 나는 매우 잘살았는데 그 친구는 조금 가난했다. 어디를 보아도 내 조건이 더 좋은데 왜 그 남자아이는 내 친구를 좋아했던 것일까?

이유는 하나였다. 예뻐서. 그 친구가 더 예쁘기 때문에 그 친구를 좋아한 것이다. 분명 나를 향해서는 '너만 보면 행복하다.' '인상 참 좋다.'고 해놓고서는, 결국엔 예쁜 게 최고라며 예쁜 아이에게로 간 것이다. '사람은 좋은데 매력이 없다.'고 평가받는 것만 같았다. 그것도 외모 때문에……. 그때부터 나는 외모에 대한 열등감에 깊이 빠지게 되었다. 당당함 빼고는 남는 게 없을 줄 알았던 내가 그때부터 열등감의 늪에서 허우적대었다. 그리고 그 열등감은 고등학교를 졸업한 이후로도 계속되었다.

그런데 이 열등감은 상상을 초월할 정도로 나를 괴롭혔고 나뿐만이 아니라 내 가족들을 힘들게 했다. 툭하면 나오는 그 열등감 때문에 별말이 아닌 것 앞에서도 흥분하게 되었고 민감하게 반응하곤 했다. 그래서 화평한 우리 집에서 역시 나의 그 열등감 하나가 골칫거리로 늘 남아 있었다.

그 과정에서 깨달았다. 마귀가 주는 커다란 병 두 가지가 죄책감과 열등감이란 사실을. 아마 이 책 맨 앞부분에서 죄책감에 대해 잠시 다루었었는데 바로 그 죄책감과 짝을 이루어 우리를 괴롭히는 것이 이 열등감인 것이다. 특히 나에게는 이 열등감이 너무나 컸고 이것 때문에 사소한 일도 싸움으로 불거지곤 했다. 또한, 누군가에게는 별일도 아닌 것이 나에게는 별일이 되기도 했다.

하지만 하나님은 나의 열등감을 치료해 주셨다. 역시나 얼룩을 지우시는 전문가는 뭔가 달랐다. 바로 뒤에서 다루겠지만, 아주 섬세하고도 세련되게 치료해 주셨다.

그리고 나는 열등감을 심하게 겪은 사람으로서, 스스로와 가족에게 아픔을 주기도 했지만, 또 한편으로는 열등감 자체에 대해 많은 생각을 할 수 있었다. 열등감을 가진 사람들을 이해하게 되었고 그들을 도울 방법을 고민하게 되었다. 그리고 열등감으로부터 그들을 구출시켜 주는 데에 조금이나마 도움이 되고 싶었다. 그래서 강의를 할 때, 이 부분에 관한 내용을 항상 넣는다. 이 책에서 역시 Part 6 전체를 열등감 회복과 연관 지어 풀어 가고 있을 정도다. 비록 이 열등감이 나와 가족을 힘들게 했지만, 그래도 이 부족하고 연약한 모습을 통해 열등감으로 고통받는 더 많은 사람에게 다가갈 수 있기를 기대한다.

한편 이즈음에서 후일담을 꺼내지 않을 수 없다. 과연 그때 그 첫사랑은 어떻게 되었을지……. 당연히 그 사람은 내 친구에게 갔고 나는 이후 내 진정한 짝꿍인 목사님을 만나 행복하게 살고 있다. 물론 그 사람은 내 친구에게 갔지만, 친구와 결혼하지는 않았다. 그때는 그녀가 전부라더니……. 결국은 다른 사람과 결혼했다.

20년 전, 그 애를 만날 기회가 있었는데 그 만남 속에서 나는 또 다른 회복을 경험할 수 있었다. 그 자리에서 나는 첫사랑의 부인을 보게 되었는데, 그분께 죄송하지만 나보다 별로였다. 정말 그랬다. 나는 그가 예쁜 사람 좋다고 가 버렸기 때문에 정말 예쁜 사람과 결혼할 줄 알았다. 그런데 완전히 예상 밖의 결말을 목격하게 된 것이다. 나는 여유롭게 한마디 했다.

"야. 별로다."

그 애도 한마디 거들었다.

"응. 너보다는 좀 안 예쁘지……."

참고로 그 모임은 초등학교 동창들의 모임이었는데, 그와 재회한 김에 그때의 일을 다 이야기했다. 내가 그 일로 열등감에 빠졌다는 것도.

"걔가 너무 예뻤잖니. 그래서 그렇게 된 거라니까."

그런데 의외로 친구들이 놀라는 것이었다. 믿기 어려운 이야기지만, 친구들은 내가 더 예뻤다고 하는 것이 아닌가.

"됐거든."

이러면서 손사래 치긴 했지만 그래도 괜히 좋았다. 뭔가 하나님의 싸인 같았다. 그동안 나의 열등감이 부질없게 느껴졌다고나 할까? 정말이지 안 가져도 될 열등감을 품고 있었다는 생각이 들기도 했다. 동창들 눈에는 내가 더 나아 보일 수 있었는데 첫사랑의 평가 하나만 보고 나를 열등감 상자 안으로 구겨 넣었던 것이다.

그리고 모임이 끝나갈 무렵 첫사랑은 중요한 한마디를 더 했다.

"내 인생 최대의 실수는 너를 놓친 것이고, 너의 인생에서 가장 큰 복은 너의 남편을 만난 거야."

놀랍게도 그날은 나의 생일이었다. 4월 18일!

점을 빼면
나와 내 주변 사람
모두가 행복해진다

첫사랑으로부터 받은 깊은 열등감을 완전하게 회복하게 된 사건은 사실 따로 있다. 앞서 이야기한 것이 열등감을 치료하라고 주신 하나님의 약 선물이었다면, 지금 이야기할 것은 완벽하게 열등감을 수술한 사건이었다. 그런데 이 과정에서 하나님의 섬세함에 다시금 놀라지 않을 수 없었다. 성도들과 악수한다는 이유로 비난받은 나에게 '악수해 줘서 너무 고맙다.'라는 인사로 완벽하게 회복시켜 주신 것처럼, 이번에도 같은 방법으로 섬세하게 치유해 주셨다.

하루는 조각 전시회에 참석하게 되었다. 그분은 유명한 조각가이자, 아는 선배였다. 우연히 신문을 보았는데 전시회를 한다고 하여 찾아가게 되었다. 마침 그분도 신앙인이라 오프닝 예배를 먼저 드리고 있었다. 예배를 드리는데, 솔직히 하나님께만 집중해야 할 예배시간에 자꾸만 시선이 흐트러졌다. 누군가가 나를 계속 쳐다보는 것 같았기 때문이다. 그것도 잘생긴 남자가 말이다. 솔직히 기분이 좋았다. 잘생긴 남자가 계속 나를 보고 있는데 어찌 안 좋을 수 있겠는가. 하지만 그러면서도 내가 모르는 사람일 거라고만 생각했다.

그런데 옆에 있던 친구 왈, 그 남자가 제물포고등학교 선배이자 현직 조각가라는 것이다. 참고로 내가 고등학교에 다닐 때 제물포고등학교와 인일여고는 지역 내 양대 산맥이었다. 지역 내 모의고사 1, 2위를 지키는 명문고이자 짝꿍 학교로서 뭔가 긴밀한 끈이 있었다. 일단 나는 제물포고등학교 출신이라는 사실에 한 번 놀랐는데 갑자기 나에게 다가오는 바람에 다시 한 번 더 놀랐다. 그리고 그는 이렇게 말했다.

"저를 모르시겠습니까?"

너무나 멋진 바리톤 목소리로 그렇게 말하는데 얼떨떨했다. 그는 자기가 송월동에 살았는데, 공원길에서 종종 나와 마주치곤 했다는 것이었다. 가만히 생각해 보니 기억이 나는 듯했다. 그때 당시 공원을 지나 학교에 가곤 했는데, 그때 우리는 인일여고 교복만 입고 다녔다. 하얀색 블라우스에 곤색의 예쁜 리본 하나가 나풀거리는 그 교복을 입으면서 '나 인일여고 다녀.'를 자랑하고 다녔다. 그런데 그 시절, 공원을 지나갈 때 제물포고 학생이 나를 계속 쳐다보았던 기억이 있었다. 그리고 천성적으로 명랑했지만 나름 수줍은 여고생인지라 땅만 보며 그 길을 그냥 지나

갔던 기억도 있었다. 내가 그 일을 떠올리며 기억이 난다고 하자 그는 대뜸 이렇게 말했다.

"흠모했습니다."

'흠모라니. 흠모라니. 저렇게 멋진 남자가 나를 흠모했다니.'

자세히 보니, 여러 번 본 기억이 났다. 알고 보니 그는 그 시기에 꽤 우울했다고 한다. 그런데 반면에 나는 활기찬 에너지를 내뿜으며 그야말로 밝은 여고생의 이미지로 그를 사로잡았다는 것이다. 당시 나는 인사를 참 잘했다. 동네 어른들께도 항상 밝게 인사하곤 했다. 그런 내가 지나가면 내 웃는 모습에 주위가 환해졌다는 것이 아닌가. 나는 내가 첫사랑에게 외모 때문에 차여 오랜 기간 힘들어했는데, 하나님은 이렇게 나를 흠모했던 사람을 만나게 해주신 것이다. 그리고 그 만남을 통해 내가 과거에 얼마나 아름다운 존재였는지를 깨닫게 하셨다. 그야말로 상처받은 것을 가지고 내 상처를 치유해 주신 것이다.

한편 그날 선배 언니의 조각가 친구들은 물론, 제물포고 출신들이 많이 있었는데 그날 저녁 밥값을 그분이 계산했다. 나를 보고 너무 좋아서 기분 좋게 한턱을 낸 것이다. 나 역시 너무 기분이 좋아 전화를 돌렸다.

"언니. 이런 사람이 나를 흠모했대."

"엄마. 누가 나를 흠모했다지 뭐야."

"친구야. 나를 흠모하는 사람이 있었더란다. 하하."

이렇게 잘생기고 성공한 사람이 나를 흠모했다는 사실은 그야말로 나를 열등감으로부터 구해 줄 수 있었다. 이 모든 것이 하나님의 작전이었음을 부인할 수가 없다.

그리고 나는 남편에게도 전화를 걸었다. 아주 자랑스럽게 말했다.

"여보. 이런 사람이 나를 흠모했대."

참고로 그날 집에 왔는데 남편이 한마디 했다.

"여보. 나도 흠모해!!"

세상에. 이런 멋진 고백을 하루에 두 번이나 듣다니. 다른 사람들 같았으면 '누가 널 흠모해?' 이러면서 따질 수도 있었을 텐데 내 남편은 진심으로 축하해 주면서 자신도 흠모한다고 이야기해 주었던 것이다.

한편 그 이후로, 우리 남편은 그분을 '점백이'라고 부른다. 놀랍게도 내 남편 이름은 김창근인데 그분 이름은 김창곤이기 때문이다. 즉, 남편 이름에서 점 하나가 추가되어 점백이로 부르게 되었다. 더 재미있는 것은 남편은 늘 점백이에게 상을 줘야 한다고 말한다. 사실 어떤 멋진 남자가 내 아내를 좋아했다고 하면 질투가 날 법도 한데 질투는 둘째 치고 그 점백이 때문에 내 열등감이 사라져 그 이후로 더 가정이 평안해졌다는 것이다. 사실 앞서도 이야기했듯 열등감은 주변 사람을 지치게 한다. 그런데 내가 그 사람 덕에 열등감이 사라졌으니 오히려 좋았던 것이다.

그렇게 하나님은 그 사람을 쓰셔서 나의 열등감을 제거해 주셨다. 그러기에 점백이를 내 인생에 등장시켜 주신 하나님께 감사하지 않을 수 없다.

끝으로 한 가지 재미난 이야기를 곁들이며 마무리하고 싶다.

4.5와 5가 있었는데 5는 자신이 더 큰 수라는 이유로 늘 자신만만했

고 4.5는 0.5나 작다는 이유로 열등감에 빠져 있었다. 그러던 어느 날 매일 열등감으로 주눅 들어 있던 4.5가 당당하게 나타났다. 5는 너무 놀랐다. 기가 죽어야 할 4.5가 당당하게 나오니 5는 자초지종을 물었다. 이때 4.5는 이렇게 말했다.

"나 점 뺐다!"

그렇다. 점 하나 뺐을 뿐인데 상황이 완전히 역전되었다. 9배나 더 큰 존재가 되어 버린 것이다. 그런데 하나님께서 점을 빼 주시면 이보다 더 큰 존재로 자신을 바라볼 수 있게 하신다. 할렐루야!

지지받는 것을 알면
없던 힘도 생긴다

　어린아이일 때는 엄마, 아빠만 바라봤는데 막상 청소년기가 되어서부터는 엇나가는 경우가 많다. 이것은 단순히 사춘기이기 때문이 아니다. 부모가 자신의 편이 되어 주지 않기 때문에 엇나가는 것이다. 나는 속상한데 부모는 내 편을 들어 주지 않으니 겉돌 수밖에 없는 것이다. 거기에 친구들은 내 편을 들어 주니, 내 편 들어 주는 사람에게만 기대게 되고 집 밖으로 뛰쳐나가게 되는 것이다.

　그만큼 편들어 주는 것은 너무나 중요하다. 특히 가족이 편들어 주는 것은 더없이 중요하다. 나의 경우, 속상한 일이 있을 때 집에 돌아와 털어놓으면 남편은 시원하게 욕을 해준다. 나 대신 그 사람을 욕해 준다(물론 심한 욕은 아니다. 목사로서 할 수 있는 간단한 욕이다). 그러면 속이 시원하게 뚫린다. 그리고 내가 지지받는다는 것을 알게 되면 정신이 번쩍 든다. 내가 굳이 그 사람들 때문에 속상해하며 시간 보낼 필요가 없다는 것도 알게 된다. 그래서 얼른 털어 낸 후, 제자리로 돌아오게 된다. 나를 지지해 주고 편들어 주는 그 욕 한마디가 그렇게 큰 위력을 갖는 것이다. 이처럼 지지받고 사랑받는 사람은 헛된 것에 에너지를 쏟을 필요가 없기에, 더 똑똑해질 수밖에 없다.

반대로 그 상황에서 설교를 늘어놓는다면 어떨까? 네가 왜 그런 이야기를 들을 수밖에 없었는지, 너의 문제는 무엇인지를 설명한다면 그것으로 대화는 단절된다. 원인을 알고 싶어 상담을 요청한 것이 아닌데 그렇게 원인 분석을 하고 있으면 소위 말하는 사람의 꼭지가 돌아 버리는 것이다. 그리고 그런 일이 몇 번 있으면 그다음부터는 무슨 일이 있어도 말을 안 하게 된다. 그에 대한 반응을 듣는 것이 더 스트레스가 되기 때문이다.

부부 사이에서만이 아니라, 자녀에게도 이렇게 해야 한다. 나는 진우와 진석이가 집에 와서 친구랑 싸운 이야기를 하면 일단 아이들 편부터 들어 주곤 했다.

"그 자식 누구야?"

"너한테 왜 그랬대?"

그렇게 세게 나가면서 아이들 편을 들어 주면 오히려 아이들은 자신을 반성하기 시작한다. 생각해 보니 자기에게도 잘못이 있었다는 둥, 원인 제공이 나에게 있었다는 둥, 자신을 돌아볼 여유를 갖게 된다. 편을 들어 주기 때문에 속 시원하게 다 이야기할 수 있고 그 과정에서 스스로 분석과 판단이 이루어질 수 있는 것이다.

부모가 아이들의 말을 잘 들어 줄 수 있기만 해도 아이들에게는 스트레스가 있을 수 없다. 그러니 문제를 해결해 주려고 애쓸 필요도 없다. 들어 주기만 해도 된다. 그것만으로도 아이들은 기분 좋을 수 있는데 그 하나가 빠져 관계가 틀어지게 되는 것이다. 가장 건강한 아이들은 어떤 아이들인가 하면, 무슨 일이든지 부모에게 말할 수 있는 아이들이라고 한다.

너의 당당함은
대체 어디서
온 거니?

코스타 강의에 가면 종종 듣는 이야기가 있다.

"이런 사모님은 처음 봐요."

"그 기쁨과 당당함은 대체 어디서 온 거예요?"

그럼 나는 열 글자로 간단하게 대답해 준다.

"하나님 아버지, 우리 신랑."

당당할 수 있는 이유는 사랑받기 때문이다. 그것이 기반이 되면 어깨에 힘이 들어간다. 이 세상이 아무리 악하다지만, 그 사랑이 있는 한 쓰러지지 않는다. 쓰러진다 해도 다시 사랑을 공급받을 수 있기에 끄떡없다. 특히 부부간의 사랑도 그렇지만 부모 자녀 간의 사랑은 더욱 그러하다. 부모가 자신을 정말로 사랑한다는 것을 알면, 그 자녀는 무서울 것이 없다. 거기에 하나님이 날 사랑하신다는 사실까지 체험하게 되면, 그것으로 게임 끝이다. 그 사람의 세상은 그야말로 자유의 바다이다.

한편 배우자와의 문제가 있어 의기소침해 있는 사람들이 있는데, 그 경우라도 나는 당당하라고 말하고 싶다. 아니, 그런 사람도 당당해질 수 있음을 거리낌 없이 말할 수 있다. 배우자와의 사랑이 매우 중요하긴 하지만 그래도 하나님과의 관계가 첫 번째이기 때문이다. 즉, 남편 사랑, 아내 사랑 못 받아도 하나님이 날 사랑하시니 떳떳하고 당당할 수 있는 것이다.

정리하자면 하나님과 나와의 관계가 첫 번째이고 배우자와의 관계가 두 번째이며, 자녀와의 관계가 세 번째다. 특히나 1순위가 나를 너무 사랑해서 내 앞에서 죽었는데 무슨 말이 필요하단 말인가? 죽도록 사랑하고 그 사랑 절대 변치 않는다는데 의기소침할 이유가 무엇이란 말인가? 그렇기에 행여 2순위가 배신 때린다고 해도 개의치 말아야 한다. 그까지것 가지고 내가 죽을 이유가 없다. "넌 두 번째에 불과하거든!" 이렇게 당당하게 말해야 한다.

자녀와 문제가 있다고 해도 마찬가지다. 자녀가 속상하게 해도 당당해져야 한다.

"넌 세 번째거든!" 이렇게 말하면서.

실제로 마더와이즈에서 이 이야기를 하면, 많은 이가 위로를 받는다. 살다 보면 남편과 자녀로부터 상처를 입을 때가 있는데 저 원리에 따르

면, 그 상처로 좌절할 이유가 없기 때문이다. 그야말로 주님 한 분만으로
도 만족한다는 그 진리의 고백이 나를 자유케 하는 것이다. 어제나 오늘
이나 그리고 내일도 동일하신 분이기에!

내 머리는
내 마음대로……

개인적으로 나는 쇼트커트를 선호한다. 나한테 제일 잘 어울리는 머리가 바로 쇼트커트다. 나는 아버지를 닮아 두상이 큰데, 두상이 크면 머리 길이가 짧을수록 좋다. 전체적으로 작게 보이니까. 그런데 내 머리 스타일에 대해 나름의 철학을 고수하게 되기까지는 나름 뼈아픈 사연이 있었다.

과거에, 권사님 중 한 분이 이런 말씀을 하셨다.

"사모님. 머리가 짧으니 대학생 같아."

그 이후, 단발머리로 스타일을 바꾸었다. 그때는 정말 그 말을 그대로 지켜야 할 것 같았다. 성도님 중 한 분이 뭐라고 하시는데 어떻게 그냥 지나칠 수 있단 말인가. 나름 순종하는 마음으로 바로 머리를 길렀다.

그렇게 단발로 스타일을 바꾸었는데 그 권사님은 또 이렇게 말씀하셨다.

"사모님, 너무 여고생 같잖아."

나는 다시 순종하는 마음으로 파마를 했다. 지적을 받았으니 고쳐야 한다고 생각했다. 그렇게 파마를 하고 나타났으니 이제는 컨펌을 받게 되리라 생각했다. 그런데 결과는 여전히 냉담했다. 특히 그 권사님의 남편 되시는 장로님이 집에서 한마디 하셨다는 것이다.

"사모님 머리 제발 좀 어떻게 하라고 해. 못 봐주겠어."

그 이야기를 나에게 그대로 전달하며 제발 좀 어떻게 해보라는 것이다.

그때 알았다. 내가 굳이 그분들에게 머리를 컨펌 받을 필요가 없었음을. 그분들은 어떤 머리를 했어도 다 마음에 들지 않아 했을 것이다. 그러기에 휘둘릴 필요가 없었다. 또한 내 머리는 내가 알아서 하면 된다. 내 머리인데…….

그 이후, 나는 나를 되찾았다. 내가 제일 좋아하고 아끼고 편하게 생각하는 쇼트커트로 돌아왔다. 내 모습을 다시 갖게 된 것이다. 물론 외모를 가꿀 때 누군가의 조언을 들을 필요는 있다. 하지만 진심을 담아 전해주는 조언이 아닌 이상은 굳이 그것에 맞출 필요는 없다.

머리를 예로 들기는 했지만, 우리는 사람들의 말에 꽤 많이 휘둘린다. 진심 어린 조언이 아닌 시비조의 판단 앞에서도 괜히 마음을 쓴다. 그대로 안 따르면 큰일 날 것 같다고 생각하면서……. 하지만 남에게 피해를 주는 것이 아니라면, 하나님이 괜찮다고 하시면, 내 맘대로 해도 된다. 그것은 하나님이 내게 부여하신 권리다.

문득 아버지 말씀이 떠오른다. 우리 아버지는 '남에게 피해를 주지 않는 한에서 네 마음대로 하라.'는 말씀을 종종하셨다. 심지어 내복 안에 있는 라벨이 배기면 당당하게 뒤집어 입으라고 하실 정도였다. 남에게 피해가 되지만 않는다면, 내가 편한 대로 하면 되는 것이었다. 또한 '날짜로 옷을 입지 말고 날씨로 옷을 입어라.'고 하셨다. 남들에게 오늘이 가을이어도 내가 느끼기에 겨울이면 겨울옷을 입으면 되는 것이었다. 남들이 뭐라 하든, 안 하든 그것은 그렇게 신경 쓸 일이 아니었다.

참으라.
이것까지 참으라

어떤 교회에 방문한 적이 있었다. 담임목사님이 시무하시는 목양실을 들르게 되었는데 우연히 보게 된 액자 글귀가 아직도 나에게는 인상 깊게 남아 있다. 십자수로 쓰인 액자였는데 내용은 이러하다.

"이것까지 참으라."

그런데 특히 요즘 그 말이 더 자주 생각난다. 은퇴가 2년밖에 안 남아 이제는 편하게 남은 목회를 할 것 같다지만 참을 일은 더 많이 생기는 것 같기 때문이다. 그때마다 그 글귀를 떠올린다. 그리고 기도한다. 참을 힘을 달라고. 조금 더 인내하게 해달라고.

사실 돌아보면 사모로서 사역하는 동안 참아야 할 것이 너무나 많았다. 앞에서도 사모가 예수님 다음으로 팔자가 세다는 이야기를 소개했었는데, 나 역시 크고 작은 상처 속에서 지내 왔다. 어찌 보면 사소할 법한 말 한마디가 나에게는 깊은 상처로 다가왔고 모든 에너지를 소진하게끔 했던 것 같다.

특히 처음 제주에서 사역할 때, 옷 때문에 마음 아팠던 적이 많다. 머리 때문에도 상처를 받았지만, 옷 때문에도 꽤 많은 상처를 받았다. 당시 나는 어려웠기 때문에 옷을 사 입을 수 없었다. 언니는 그런 동생이 애처로워 옷을 사주기도 하고 입던 옷을 물려주기도 했었다. 그래서 언니에게 받은 옷을 입고 교회에 가곤 했는데, 그럴 때면 일부 성도들이 이런 말을 했다.

"사모님, 옷 멋있어요."

나는 그럴 때마다 이렇게 대답한다.

"누가 사준 거예요."

"언니가 입던 거예요."

그런데 그것이 성도들에게는 진심으로 안 들렸나 보다.

"에이. 사모님은 항상 누가 줬다고 하더라."

한번은 그 말을 듣고 집에 와서 펑펑 울었다. 발을 뻗고 울었다. 솔직히 나는 어디 가면 디자이너 아니냐는 소리도 종종 들을 정도로 패션 감각이 있다. 내가 작정하고 잘 입으면 얼마나 잘 입는지 모른다. 그런데도 상황과 형편에 맞게 얻어 입고 있는데 그조차도 믿어 주지 않으며 시비를 걸다니…….

그뿐이 아니다. 어떤 때는 목 뒤에 있는 라벨까지 뒤집어 보며 상표를 이리저리 살피는 분들도 있다. 그런데 사모님들과 이야기를 해보면 이런 경험들은 비일비재하다고 한다. 하지만 어쩌겠는가. 참는 수밖에 없다. 그것으로 싸우려 들 필요도, 변명할 필요도 없다. 그리고 싶어도 참아야 하는 게 사모이기 때문이다.

또 한번은 백화점에서 매대에 '누워 있는' 이만 원짜리 스카프를 하나 산 적이 있다. 오래된 코트가 있는데 이 스카프면 매치가 잘 될 것 같아 구매한 것이다. 그렇게 나름 코디를 한 후 교회에 갔다. 그런데 역시나……. 누군가가 한마디 했다.

"음. 사모님, 멋있어요."

그때 나는 그냥 '네' 하고 말았으면 될 것을 냉큼 가격을 말해 버렸다.

"이만 원 주고 샀어요."

나는 참 잘 샀다고 하는 대답을 기다렸는데 돌아오는 말은 "어머. 비싸네요."라는 말이었다. 아니 그럼 대체 얼마짜리를 사란 말인가 싶었다. 이럴 때면 나는 또다시 지친다. 목회는 해도 해도 어렵구나 하는 마음이 들면서.

다행히 집에 와서 남편에게 털어놓자 남편은 나 대신 시원하게 욕을 해 주었다. 그 말 한마디에 위로가 되었다.

물론 이렇게 상처를 주는 분은 많지 않다. 좋은 분, 훌륭한 분들이 훨씬 더 많다. 하지만 소수의 몇 분이긴 해도 그 받은 상처가 아물기까지는 꽤 많은 시간이 걸린다.

물론 그때마다 참는다. 무조건 참는다. 이것은 내가 어떻게 해결한다고 될 수 있는 것이 아니기 때문이다. 정말이지 참는 것밖에는 방법이 없다. 대신 참는 내 모습을 하나님은 다 아시기에 다시금 힘을 얻는다. 하나님이 적재적소에서 위로를 건네주실 것을 기대하면서…….

(남은 2년도 잘 참을 것이다).

Resilience!
심히 좋았던
그때로의 회복!

김소운 선생님은 한일사전을 최초로 만드신 분이며 여러 수필집을 쓰기도 한 분이다. 그런데 그분이 쓴 수필집 중에 '특급 바둑판'이라는 글이 있다. 거기에는 바둑판이 세 가지로 소개된다. 특급 바둑판, 일 등급 바둑판, 싸구려 바둑판……. 그리고 그 바둑판이 만들어지는 과정도 소개된다. 일단 바둑판용으로 나무를 잘라다가 바닷물에 두면 두 가지 현상이 일어난다고 한다. 나무가 갈라지는 경우가 있는가 하면 갈라지지 않는 경우도 있다는 것이다. 그러고 난 후 담갔던 바둑판들을 말리게 되는데, 놀랍게도 갈라진 것이 다시 붙는 경우가 있는가 하면 끝까지 안 붙는 게 있다는 것이다.

여기서 바로 등급이 결정된다. 갈라졌다가 다시 붙는 것은 특급 바둑판이 되고, 갈라지지 않은 것은 일 등급 바둑판이 되며, 갈라진 채로 남아있는 것은 싸구려 바둑판이 되는 것이다.

한번 이 이야기를 조이(JOY) 리더들에게 하던 중에 바둑 고수인 한 여대생이 왜 첫 번째 바둑판이 특급인지를 설명해 주었다. 처음에는 그냥 상처를 딛고 일어나서 강해졌기 때문에 그런가 싶었다. 그런데 그 학생은 그 바둑판이 탄성, 탄력 때문에 특급으로 인정받게 되는 것이라고 설명했다. 알다시피 바둑알은 돌이고 바둑판은 나무이기 때문에, 바둑알을 바둑판에 딱딱 치면 계속 상처를 받을 수밖에 없다. 그런데 탄력이 좋은 바둑판은 아무리 상처를 받아도 얼른 제 상태로 돌아가기 때문에 특급이 되는 것이다. 그 순간 탄력과 탄성, 즉 처음으로 되돌아가는 힘에 대해 깊이 생각하게 되었다. 영어로는 리질리언스(Resilience)로 표현되는 이 개념은 원상복귀 능력, 회복의 능력을 뜻한다.

그리고 이 개념을 생각하면서 창세기 1장의 말씀도 깊이 묵상하게 되었다.

보시기에 심히 좋았더라(창 1:31)

하나님이 세상을 처음 만드셨을 때, 세상은 심히 좋았다. 그런데 세상과 인간은 타락하고 망가졌다. 하지만 우리는 처음 만드셨던 그 모습으로 돌아갈 수 있다. 그리고 만약 우리가 심히 좋았던 처음으로 돌아간다면 특급의 등급을 얻게 될 것이다. 행여 망가지고 부서지고 갈라졌어도 다시 하나님의 힘을 덧입고 원상복귀 된다면 그 사람은 누구보다 최상의 수준에 이르게 되는 것이다.

그러기에 내가 살아오면서 입게 된 상처나 깨어짐은 문제가 되지 않는다. 분명 우리는 'Resilience'에 따라 가장 좋았던 때로 돌아갈 수 있기 때문이다. 또한, 그런 미래를 안다면, 지금의 아픔도 상처 앞에서도 무너질 필요가 없다. 상처가 없는 바둑판은 일 등급이고 상처로부터 다시 회복된 바둑판이 최상급인 것처럼, 지금 상처가 있다는 것은 오히려 최상급으로 가는 발판이 되기 때문이다.

코스타에서 청년들에게 이 특급 바둑판 이야기를 하면 많은 이들이 눈물을 흘린다. 특히 요한복음 8장 10절에서 11절에 있는 막달라 마리아의 이야기를 해주면 더 큰 위로를 받는다.

예수께서 일어나사 여자 외에 아무도 없는 것을 보시고 이르시되 여자여 너를 고발하던 그들이 어디 있느냐 너를 정죄한 자가 없느냐 대답하되 주여 없나이다 예수께서 이르시되 나도 너를 정죄하지 아니하노니 가서 다시는 죄를 범하지 말라 하시니라

나는 이런 예수님이 참 좋다. 예수님은 "경숙아, 너 어제 뭐 했니?"라고 묻지 않으시고 "경숙아, 너 지금 뭐하니? 너 지금 어디에 있니?"라고 물으신다. 어제까지 어떻게 살았는지는 예수님에게 중요하지 않다. 지금

이후에 바르게 살기를 원하신다.

이후로는 죄를 범하지 말라(요 8:11)

그렇기에 과거의 상처 때문에 아파하던 청년들은 이 말씀 앞에서 울면서 위로를 받을 수밖에 없다. 그리고 지금 이 순간부터 다시 시작하면 된다는 것을 알기에 새 힘을 얻게 되는 것이다.

우리는 어제까지 받았던 상처와 실수 때문에 좌절할 필요 없다. 지금 이 순간부터가 중요하다. 우리의 과거가 어떠했든, 하나님은 처음 만들어 주셨을 때의 상태 곧 '심히 좋았던 때'로 돌아가게 하신다.

여보,
나도 흠모해!

초판 1쇄 발행   2018년 2월 1일
　　4쇄 발행   2022년 4월 12일

지은이　　　전경숙
발행인　　　이영훈
주 간　　　김호성
편집인　　　김형근
편집장　　　박인순
기획·편집　　강지은
디자인　　　김한희

펴낸곳　　　교회성장연구소
등 록　　　제 12-177호
주 소　　　서울시 영등포구 은행로 59 4층
전 화　　　02-2036-7936
팩 스　　　02-2036-7910
홈페이지　　**www.pastor21.net**
쇼핑몰　　　**www.icgbooks.net**

ISBN | 978-89-8304-278-1

"무슨 일을 하든지 마음을 다하여 주께 하듯 하라" (골 3:23)

교회성장연구소는 한국 모든 교회가 건강한 교회성장을 이루어 하나님 나라에 영광을 돌
리는 일꾼으로 성장하는 것을 목표로, 목회자의 사역은 물론 성도들의 영적 성장을 도울 수
있는 필독서를 출간하고 있다. 주를 섬기는 사명감을 바탕으로 모든 사역의 시작과 끝을 기
도로 임하며 사람 중심이 아닌 하나님 중심으로 경영한다. "무슨 일을 하든지 마음을 다하
여 주께 하듯 하라"는 말씀을 늘 마음에 새겨 하나님께서 주신 사명을 기쁨으로 감당한다.